I0807388

Endosos

Yo creo que todo lo que se relaciona al Reino es simple de entender y fácil de participar. Jesús enseñó que para entrar en el Reino uno tiene que venir como un niño... ¡y los niños lo necesitan SIMPLE! Joshua es un ministro experimentado en la gloria y lo sobrenatural. Cada vez que tengo oportunidad de sentarme a los pies de Jesús a través del ministerio de Joshua, lo hago. Estoy absolutamente segura de que usted no solo recibirá la comprensión vital de lo sobrenatural, a través de este proyecto designado por Dios, sino que también recibirá la impartición de vivir en la simplicidad del mismo. Yo respaldo totalmente este proyecto y al confiable ministerio, que honra a Dios, de Joshua Mills.

PATRICIA KING
COFUNDADOR, XPMEDIA
MARICOPA, ARIZONA

Estoy muy emocionado de compartir con ustedes el libro de Joshua Mills, *Simple Sobrenatural*. He ministrado junto con Joshua, he pasado un tiempo personal de compañerismo con él y su hermosa familia, y he sido testigo del extraordinario poder sobrenatural que fluye a través de su vida. La impartición se da no sólo por lo que hablamos sino por lo que vivimos. Joshua vive en el ámbito de gloria sobrenatural de Dios. Las historias de su vida y las revelaciones de la verdad que se encucntran en este libro le inspirarán a vivir una vida sobrenatural que desatará el poder de Dios en y a través de usted dondequiera que vaya.

MATT SORGER
ANFITRIÓN DEL PROGRAMA DE TELEVISIÓN
"POWER FOR LIFE"
MATT SORGER MINISTRIES
SELDEN, NEW YORK

¡Este fue un muy buen material de lectura! Me encantan los testimonios de Joshua de lo simple sobrenatural – ¡para la edificación de la fe! El hambre de Joshua por la plenitud del Reino, su pasión por las almas y la revelación tangible es perspicaz e infecciosa. ¡Ya he estado poniendo algunas cosas que he aprendido en obra! Gracias Joshua. Continúas inspirándonos a simplemente vivir "esto".

FAYTENE GRASSESCHI
EVANGELISTA Y LÍDER
DE THECRY/MY CANADÁ

Simple
SOBRENATURAL

Simple SOBRENATURAL

CLAVES PARA VIVIR EN EL ÁMBITO DE LA GLORIA

JOSHUA S. MILLS

nwi
www.NewWineInternational.org

Publicado por New Wine International, Inc.
P.O. Box 4037, Palm Springs, CA 92263
Estados Unidos de América
www.NewWineInternational.org

ISBN 13: 978-1-61917-004-9
ISBN 10: 1619170043

Impreso en Canadá. Para su distribución mundial.

En cada generación nuevas voces se levantan para traer verdades antiguas en paquetes relevantes y frescos. La clave para impactar con estos vasos de la nueva generación es estar centrado en Jesús, fundamentado bíblicamente, relacionalmente responsable y operar con una palabra de ahora. Joshua y Janet Mills son dos de las luces brillantes en los que la Palabra es su vida misma y cuya vida es sobrenaturalmente ungida. *Simple Sobrenatural* contiene claves para que usted también pueda ser un portador contagioso del propósito divino de Dios.

JAMES W. GOLL
ENCOUNTERS NETWORK
AUTOR DE *THE SEER, PRAYER STORM, THE COMING ISRAEL AWAKENING*, Y MUCHOS OTROS
FRANKLIN, TENNESSEE

Si alguien está capacitado para escribir un libro sobre lo sobrenatural es Joshua Mills. Él y su familia viven en el reino real de lo sobrenatural. Joshua es un hombre antes de su tiempo, llamado y ungido por Dios con señales y prodigios inusuales. He ministrado con él y he sido testigo de estas señales y prodigios de primera mano, y tengo que decir que son asombrosas para la mente y los ojos naturales. Pero lo más sorprendente para mí es ver a un ministerio tan ungido junto con una gran humildad, la integridad y el carácter de Jesús. He conocido a Joshua por muchos años y todo lo que puedo decir es que me gustaría que tuviéramos mil más como él. ¡Disfrute y reciba la tangible impartición de este poderoso libro!

CHRIS HARVEY
EVANGELISTA Y AUTOR
INSIGHTS TO THE ANOINTING
CHRIS HARVEY MINISTRIES
BRISBANE, AUSTRALIA

Este libro, *Simple Sobrenatural*, es alentador y refrescante. A medida que lo lea Dios renovará su sentido de asombro infantil en respuesta al milagroso poder de Dios conforme es revelado en este mundo. La esperanza se levantará en su espíritu de que, usted también, puede caminar y vivir en victoria gozosa en lo sobrenatural. ¡Súbanse al tren de la gloria, gente, con Joshua y Janet Angela Mills y entren en lo *Simple Sobrenatural*!

JOAN HUNTER
AUTOR
PRESIDENTE DE JOAN HUNTER MINISTRIES
Y HUNTER MINISTRIES
PINEHURST, TEXAS

Una de las claves de éxito más importante que aprendí, tanto en la escuela de medicina como en la residencia de neurocirugía, es que te transformas de acuerdo a las personas con las que te relacionas. Cuando te expones al libro de Joshua Mills, *Simple Sobrenatural*, no te sorprenda en lo absoluto, después de recibir la unción, cuando empieces a presenciar sanidad con tu familia y amigos. ¡Y puedes hacerlo incluso sin asistir a una clase en la escuela de medicina! Estas Escrituras, junto con esta impresionante presentación, son los responsables de que alguien como yo haya sido capaz de ver más gente curada al imponer las manos sobre ellos que con el bisturí. Tendrás la oportunidad de cumplir la gran comisión de Jesús, que es un mandamiento, con un mentor como Joshua Mills.

Dr. Phillip Goldfedder, M.D.
Neurocirujano, Ministro
y Autor de *Lean God's Way*
Alternative Medicine Healing Ministry, Inc.
Warrenville, South Carolina

Joshua y Janet Angela Mills me han mostrado lo que es "simplemente" estar rendida a, dependiendo de, y amada por un Padre poderoso y sobrenatural. El tener la confianza, la libertad, la valentía, la pureza y la fe como un niño es mucho más que un objetivo y un deseo meritorio. Este libro te ayudará a descubrir y aceptar las verdades de nuestro lugar y derechos como hijos de Dios. ¡He sido desafiada, animada y cargada, y creo que tú también lo serás!

Beckah Shae
CCM Cantautora
Nashville, Tennessee

Joshua y Janet Angela Mills son dos de mis personas favoritas en el mundo. Yo respeto mucho su pureza, humildad, integridad y fe en Dios. *Simple Sobrenatural* es un hermoso libro que es capaz de satisfacer a todos justo donde se encuentran y equiparlos para el ministerio sobrenatural. ¡Tú eres sobrenatural y este simple libro asombroso te mostrará cómo ser activado para traer más gloria al nombre de Jesús!

JASON T. WESTERFIELD
FUNDADOR Y PRESIDENTE
EMBASSY INTERNATIONAL
CHRISTCHURCH, NEW ZEALAND

DEDICACIÓN

Para todos aquellos que leerán este libro y pondrán estas claves en acción... este libro te está dedicado a medida que vas hacia todo el mundo con lo simple sobrenatural de Dios, ¡y revelas Sus señales, prodigios y gloria para una cosecha global!

Este libro también está dedicado en la memoria de mis amigos y mentores en lo milagroso: Charles y Frances Hunter. Su vida y su legado continúan vivos a medida que la revelación se da a conocer a través de las vidas de aquellos que impactaron a través de su ungido ministerio.

AGRADECIMIENTOS

Me gustaría agradecer a todos los que fueron parte de producir este libro de principio a fin: Patricia King, Carol Martínez, David Sluka, Ken Vail, Joan Hunter y Hunter Ministries, Zane y Joy Clarke, Partners In Praise, y a mi hermosa familia: Janet Angela y Lincoln Mills. Este proyecto es el resultado de sus oraciones y apoyo dedicados a mí y a este ministerio.

¡Gracias!

Tabla de Contenidos

Jesús les dijo: "Vayan por todo el mundo y anuncien las buenas nuevas a toda criatura. El que crea y sea bautizado será salvo, pero el que no crea será condenado. Estas señales acompañarán a los que crean: en mi nombre expulsarán demonios; hablarán en nuevas lenguas; tomarán en sus manos serpientes; y cuando beban algo venenoso, no les hará daño alguno; pondrán las manos sobre los enfermos, y éstos recobrarán la salud."

– *Marcos 16:15-18*

Capítulo Uno

¡TÚ ERES SOBRENATURAL!

El Espíritu mismo le asegura a nuestro espíritu que somos hijos de Dios. Y si somos hijos, somos herederos; herederos de Dios y coherederos con Cristo, pues si ahora sufrimos con él, también tendremos parte con él en su gloria. – *Romanos 8:16-17*

Cuando yo estaba en mis últimos años de adolescencia, mi pastor continuamente decía algo que impactó mi vida por siempre. Casi todas las semanas en la iglesia antes de que él empezara a predicar nos hacia levantar nuestras biblias y decir "¡Yo elijo creer en mi Biblia a propósito!" Que poderosa declaración.

¡Y hasta escribí esa declaración en la portada de mi Biblia!

¿Con qué frecuencia, cuando al crecer, escuchamos historias bíblicas acerca de los hijos de Israel o los milagros de Jesús, y sin embargo casi parece como un cuento de ficción recitado desde un tiempo diferente y un lugar diferente? Con que frecuencia leemos la Biblia y aún fallamos en darnos cuenta de que éste mismo nivel de provisión milagroso y encuentro sobrenatural está disponible para nosotros hoy en día ¡a niveles aún mayores!

> ***Jesucristo es el mismo ayer y hoy y por los siglos.*** *–Hebreos 13:8*

Por todo el mundo hay muchos cristianos creyentes quienes realmente no creen lo que la Palabra de Dios dice. Ahora, no quiero sonar juicioso cuando digo esto, porque me doy cuenta de que todavía tengo mucho que aprender en cuanto a vivir en lo sobrenatural. Pero, mi punto es éste, ¡nosotros necesitamos creer en nuestras biblias a propósito! Si creemos en lo que la Biblia dice, haremos lo que nos dice que hagamos. ¡Si hacemos lo que la Biblia nos dice que hagamos, entonces nosotros obtendremos los resultados que dice que podemos tener! Esto es simple sobrenatural.

Desde esos primeros años como un adolescente, cuando escogí creer en la Biblia a propósito, he estado aprendiendo a cómo caminar en la Palabra de Dios. ¡La leo y la creo!

A medida que hemos ministrado por todo del mundo, hemos visto los milagros, señales y prodigios más grandes revelados porque hemos creído en la Palabra de Dios que prospera en nosotros. ¡Si tú prosperas en la Palabra, la Palabra comenzará a prosperar dentro de ti!

Mi esposa Janet Angela y yo hemos impuesto manos en los enfermos y los hemos visto milagrosamente recuperarse ¡porque la Palabra nos dijo lo podíamos hacer! (Marcos 16:18)

Los demonios han sido expulsados y los endemoniados liberados a través de nuestro ministerio porque he aprendido que ¡mayor es El que está en mi, que el que está en el mundo! (1ª Juan 4:4)
Hemos hablado en otros idiomas y en lenguas desconocidas porque la Palabra dice que si abrimos nuestra boca, ¡Dios la llenará! (Salmo 81:10)

Las señales y prodigios se han convertido en una firma de la marca de nuestro ministerio por todas las naciones. Sorprendentes milagros creativos y fenómenos sobrenaturales se han visto porque la Palabra de Dios dice que señales seguirán a aquellos que crean (Marcos 16:17), ¡y nosotros creemos!

Declaración

Quiero que escribas la siguiente declaración en una hoja de papel y quiero que la leas cada día en esta semana. Declara a ti mismo estas palabras en voz alta y comienza a creerlas en tu corazón.

¡YO ELIJO CREER EN MI BIBLIA A PROPÓSITO!

¡YO CREO QUE SOY QUIEN DICE QUE YO SOY!

¡YO CREO QUE TENGO LO QUE DICE QUE PUEDO TENER!

¡Y YO PUEDO HACER LO QUE DICE QUE YO PUEDO HACER!

¡Y YO PERMITIRÉ QUE ESTA PALABRA COBRE VIDA DENTRO DE MÍ…

… PARA QUE YO COBRE VIDA DENTRO DE LA PALABRA!

A medida que leas y profeses estas declaraciones poderosas durante la próxima semana, yo creo que la Palabra de Dios va a cobrar vida en ti de una nueva manera conforme comienzas a leerla.

LO QUE DIOS DICE ACERCA DE TI

Observa las siguientes Escrituras y mira lo que Dios dice acerca de ti a través de su Palabra:

> ***Porque Dios, que ordenó que la luz resplandeciera en las tinieblas, hizo brillar su luz en nuestro corazón para que conociéramos la gloria de Dios que resplandece en el rostro de Cristo.*** *– 2 Corintios 4:6*
> ***Mientras aguardamos la bendita esperanza, es decir, la gloriosa venida de nuestro gran Dios y Salvador Jesucristo. Él se entregó***

por nosotros para rescatarnos de toda maldad y purificar para sí un pueblo elegido, dedicado a hacer el bien.

– Tito 2:13-14

"Estas señales acompañarán a los que crean: en mi nombre expulsarán demonios; hablarán en nuevas lenguas; tomarán en sus manos serpientes; y cuando beban algo venenoso, no les hará daño alguno; pondrán las manos sobre los enfermos, y éstos recobrarán la salud." Después de hablar con ellos, el Señor Jesús fue llevado al cielo y se sentó a la derecha de Dios. Los discípulos salieron y predicaron por todas partes, y el Señor los ayudaba en la obra y confirmaba su palabra con las señales que la acompañaban.

– Marcos 16:17-20

¡La Biblia nos da un entendimiento claro de que somos sobrenaturales! ¡TU eres un ser sobrenatural, con un propósito sobrenatural, el cual es caminar en los caminos sobrenaturales del cielo, mientras que demostramos las realidades del Reino sobrenatural de Dios aquí en la tierra!

Pero ustedes son linaje escogido, real sacerdocio, nación santa, pueblo que pertenece a Dios, para que proclamen las obras maravillosas de aquel que los

llamó de las tinieblas a su luz admirable.

– 1 Peter 2:9

La Biblia dice que somos ciudadanos de otro reino. Nuestra verdadera ciudadanía no pertenece a un país de la tierra, pero de hecho somos ciudadanos de otro país. Nosotros somos ciudadanos del Reino de Dios. Somos extranjeros en la tierra.

En cambio, nosotros somos ciudadanos del cielo.

– Filipenses 3:20

No somos extranjeros en el sentido de que estamos traspasando, pero somos extranjeros en el sentido de que estamos invadiendo la tierra. La Biblia nos dice que vamos a estar en el mundo, pero sin ser parte de sus costumbres. Mira, se supone que debemos vivir desde otra dimensión y esa dimensión es la del ámbito de la gloria. En el ámbito de la gloria nosotros empezaremos a producir mayores resultados.

¿Estás Preparado?

En este libro quiero compartir contigo algunas claves secretas y directrices prácticas que te lanzaran hacia este simple estilo de vida sobrenatural. Ya que comenzamos, permíteme hacerte algunas preguntas:

- **¿Estás preparado para ganar almas en la gloria?**
  ¡La cosecha está lista y está esperándote!

- **¿Estás preparado para recibir y ministrar el bautismo en el Espíritu Santo?**
  ¡Esta explosión de poder sobrenatural está lista para ti, si tú lo recibes y lo das!

- **¿Estás preparado para sanar a los enfermos?** ¡Mucha gente herida está esperando por alguien que les de esperanza y les traiga respuesta a sus problemas!

Si contestaste sí a todas estas preguntas, entonces deshazte de cualquier idea preconcebida y permítele al Espíritu Santo llevarte a los mejores días que hayas conocido. ¡Esto es simple sobrenatural!

Capítulo Dos

SEÑALES Y PRODIGIOS

Porque el Hijo del hombre vino a buscar y a salvar lo que se había perdido.
– Lucas 19:10

Nosotros hemos experimentado las gotas de lluvia de oro de la gloria de Dios por más de una década y ¡sé que aún hay más para el cuerpo de Cristo a nivel mundial!

La gloria de Dios está encendiendo nuestra capacidad para predicar el evangelio y ver una gran cosecha de almas venir adelante. En el pasado nos hemos basado en nuestros propios talentos y habilidades naturales para dar a luz resultados, pero tenemos que aprender a como fluir en el ámbito de la gloria. En la gloria, Dios producirá una mayor cosecha a través de nosotros ya que nos sometemos a Su Palabra y Sus caminos.

En una de nuestras recientes reuniones, Janet Angela y yo miramos nuestras manos y estaban brillando con polvo de oro. Este fenómeno inusual ha estado pasando en nosotros por más de diez años. En tiempos de alabanza u oración empezamos a ver esta substancia dorada caer sobre nuestras manos y rostros. Así como el Señor envió maná a los hijos de Israel como su provisión diaria, así está el Señor soltando esta señal inexplicable que representa la prosperidad y abundancia del cielo (Hageo 2:8). Muchas veces cuando estoy ministrando en iglesias alrededor del mundo, aún otros empiezan a ver esta misma manifestación caer sobre de ellos también. Incluso a medida que estás leyendo este libro empezarás a notar polvo de oro venir sobre ti. La Biblia dice ***"¡Levántate y resplandece, que tu luz ha llegado! ¡La gloria del SEÑOR brilla sobre ti!"*** (Isaías 60:1). Así como el rostro de Moisés empezó a brillar cuando él se encontró con la presencia de Dios en el monte, y los israelitas vieron la gloria de Dios delante de ellos como una llama vibrante y una nube densa –así la gloria visible de Dios está apareciendo a Su pueblo en este día y hora.

En la gloria, Dios producirá una mayor cosecha a través de nosotros.

Aunque esta señal sobrenatural se ha convertido en algo común en nuestras reuniones, esta manifestación inusual continúa sorprendiéndome cada vez que la veo. ¡Esta señal inusual nos hace maravillar! Esta señal nos provoca a pensar en la grandeza de Dios. Gira nuestra atención hacia la gloria y dirige nuestros ojos hacia Jesucristo. Si el Espíritu Santo es capaz de tomar nada y hacer algo – tomar lo que no se ve y hacerlo visible sobre nuestras manos, vestiduras y Biblias– ¡cuánto más El hará lo que Él nos ha prometido dentro de Su Palabra!

El Oro representa la Gloria de Dios

> ***Los sacó con plata y oro; Y no hubo en sus tribus enfermo.***
> *–Salmo 105:37 (RVR60)*

Dentro del contexto de las Escrituras, oro representa la gloria de Dios. Vemos este ejemplo en el simbolismo del arca del convenio. El arca estaba cubierta con el oro más puro y representaba la fuerza y gloria de Dios (ver el Salmo 78:61). También vemos este simbolismo dentro de la construcción del templo de Salomón –las paredes y pisos estaban recubiertos con oro y también incluía ornamentación de oro. El Nuevo Testamento nos dice que el templo de Dios ya no es uno que ha sido construido por las manos del hombre, pero que Dios ha escogido mostrar Su gloria a través de Su pueblo (ver Hechos 17:24-28). No debería de sorprendernos que ésta gloria este empezando a mostrarse sobre nosotros y alrededor de nosotros a medida que le ministramos a Él.

Algunas personas han cuestionado la manifestación del polvo de oro porque no tiene sentido en su razonamiento natural. Aunque no acabamos de entender los caminos del Espíritu, lo aceptamos como Dios, porque la Biblia dice que seremos capaces de discernirlo por el fruto que produce. Nuestro anhelo es ver la gloria de Dios cubrir toda la tierra así como las aguas cubren el mar. El milagro no es acerca de la substancia misma, el milagro es de dónde viene. ¡No es acerca del oro, sino más bien acerca de un Dios que se deleita en bendecir a Sus hijos con dones de lo alto! ¡Él está revelando señales y prodigios para la cosecha! ¡Dios nos está dando herramientas sobrenaturales para que nosotros empecemos a recoger una cosecha sobrenatural de almas en la gloria!

¡Dios nos está dando herramientas sobrenaturales para que nosotros empecemos a recoger una cosecha sobrenatural!

Hace unos años yo estaba ministrando en una iglesia en Brampton, Ontario, Canadá y cuando estaba orando y preparándome para las reuniones, esa tarde en mi habitación del hotel, pude sentir una gran nube de la gloria de Dios siendo desatada dentro de mí. Después de una ducha y arreglarme con un nuevo par de ropa, tomada directamente de la bolsa de tintorería, me dirigí hacia el elevador del hotel donde ¡Dios estaba a punto de recibirme de la manera más inusual e inesperada!

A medida que las puertas del elevador se abrieron, vi a tres personas paradas en el ascensor esperando para que yo entre. Tan pronto como yo crucé hacia el elevador, fue como si un camión de carga del cielo se abrió sobre mi cabeza y cubrió todo mi ser con polvo de oro proveniente del ámbito de la gloria. Ahora, no estoy hablando de una pequeña mancha o dos. No estoy hablando aún acerca de verlo claramente en mi rostro. ¡Me refiero a mi cuerpo entero mirándose como si estuviera completamente pintado de oro! ¡Debo haber parecido una persona dorada porque las tres personas en el elevador empezaron a gritar en asombro! Estas personas vieron el milagro tal y como succdió delante de ellos.

Me encanta cuando los milagros ocurren de esta manera, ya que parece aumentar la fe de las personas cuando ellos observan a Dios revelar una señal y maravilla delante de sus propios ojos. Esto ocurre muchas veces a medida que yo ministro por todo el mundo. La gente puede observar el polvo de oro aparecer en mi rostro, manos y en mi saco de traje mientras yo predico la Palabra de Dios. ¡Es una señal de la gloria de Dios! Una dama escéptica de Sudáfrica estaba recientemente en mis reuniones en Phoenix, Arizona. Después de todo lo que ella escuchó, vino para verme ministrar, ya que la idea de polvo de oro cayendo del cielo parecía demasiado imposible para ella (ver Mateo 19:26). Ya que ella me observaba intencionalmente desde las primeras filas, fue testigo del milagro de polvo de oro que empezó a aparecer sobre todo mi rostro. Ella se arrepintió por su incredulidad y se fue de esas reuniones con un sentido renovado del gozo y amor de Dios por su pueblo.

Dios Nos Da Oportunidades de Oro

Ahora, cuando este polvo de oro empezó a aparecer en mi delante de esas personas en el elevador, no creo que ellos sabían lo que estaba pasando, ¡excepto por el hecho de que era demasiado inusual!

¡Dios realmente opera de maneras misteriosas!

> ***Porque mis pensamientos no son los de ustedes, ni sus caminos son los míos —afirma el Señor—. Mis caminos y mis pensamientos son más altos que los de ustedes; ¡más altos que los cielos sobre la tierra!***
>
> *–Isaías 55:8-9*

Las personas en el elevador empezaron a gritar y hacer ruido, pero cuando las puertas se cerraron detrás de mí, me di cuenta de que estas personas estaban ya en el paseo ¡les gustara o no! Dios me estaba dando una "oportunidad de oro" para alcanzar a los perdidos. ¿Crees que Dios te dará este tipo de encuentros divinos? Yo creo que Él lo hará. Yo creo que Él lo hace. Creo que muchas veces no estamos conscientes de estas oportunidades porque no hemos pasado tiempo escuchando Su voz. (Nosotros hemos enseñado exitosamente a cientos de personas a cómo oír la voz de Dios a través de nuestro Instituto de la Gloria Intensificada, escuela de entrenamiento. Si te gustaría ampliar tu aprendizaje aún más y explorar ámbitos más profundos de la gloria de Dios, ¡realmente te animo a que te unas a la próxima escuela!) Cuando las puertas del elevador se cerraron, yo sabía que Dios me estaba dando una oportunidad especial para explicar este milagro a las personas en el elevador. A medida que yo escuché la voz de Dios, Él me dio las palabras a decir.

Miré a cada uno en el elevador y dije: "éste es un milagro de Dios, porque Jesús les ama".

Esas simples palabras fue todo lo que se necesitó para abrir sus corazones, así que empecé a ministrarles. En el momento en que llegamos a la planta del vestíbulo, los tres, un caballero y dos damas, ya habían recibido a Jesús en su corazón. Me explicaron que otras personas habían compartido el evangelio con ellos antes, pero que nunca habían visto un milagro así delante de sus ojos. Ellos sabían que Dios estaba tratando de obtener su atención.

Debemos de permitir que el poder de la gloria de Dios trabaje a través de nosotros ya que avanzamos hacia la cosecha.

Las señales confirmarán la Palabra de Dios (ver Marcos 16:20). Debemos de permitir que el poder de la gloria de Dios trabaje a través de nosotros ya que avanzamos hacia la cosecha en los días venideros. ¡No podemos traer a las multitudes solo con nuestros esfuerzos; necesitamos estar equipados con el poder de Dios para dar a luz a los perdidos!

La Adoración libera la Gloria de Dios

Otra vez yo estaba ministrando a una multitud de personas sin hogar en la Iglesia Cuadrangular El Cajon, en El Cajon, California, durante una cena comunitaria que alimenta a los pobres y hambrientos. Empecé la cena con un poco de música de adoración para traer al Espíritu de Dios en el lugar. Mira, la música de alabanza y adoración te permitirá golpear ligeramente en la atmósfera del cielo, porque a medida que tu cantas de tu espíritu te conectas con el Espíritu de Dios, lo que le permite a Él comenzar a moverse en tu vida.

Mientras adorábamos con estas personas sin hogar, el Espíritu Santo llegó muy fuertemente. Yo Inmediatamente empecé a predicar las buenas nuevas del evangelio, compartiendo con ellos el plan de salvación de Dios. Al igual que yo empecé a ministrar, el polvo de oro empezó a caer sobrenaturalmente sobre toda la habitación. Este polvo de oro estaba apareciendo en las manos, rostros y ropa de las personas. ¡La gloria de oro de Dios estaba lloviendo con gotas del poder de salvación! La Biblia habla que señales confirmarán la Palabra de Dios. A medida de que esta manifestación comenzaba a ocurrir, di el llamado al altar y muchos respondieron. Este fue el comienzo de una nueva vida para muchas de estas bellas personas. No solo estaban hambrientos por comida natural, pero también estaban desesperadamente hambrientos por el sustento espiritual. ¡Dios está revelando estos ámbitos de Su gloria para la cosecha!

DIOS NOS DA HERRAMIENTAS DE ORO PARA UNA COSECHA DE ORO

Hace varias semanas, ya que ministrábamos en el Pabellón de la Iglesia Victoria en Camuy, Puerto Rico, con los pastores Tito y Sandra Caban, el Señor reveló muchas señales y prodigios en las reuniones de la iglesia. Pastor Tito recientemente nos envió un correo electrónico diciendo "Continuamos recibiendo testimonios de las reuniones, incluyendo ángeles mecánicos que arreglaron una llanta o neumático pinchado en el auto de una señora y gente recibiendo milagros monetarios. Hay una muchacha que necesitaba una endodoncia (en el conducto radicular) y recibió un milagro dental mientras Joshua estaba ministrando."

Lo maravilloso acerca de la gloria de Dios es que, ¡siempre está aumentando!

Sabes, lo maravilloso acerca de la gloria de Dios es que, ¡siempre está aumentando! La Biblia no dice que Dios reducirá los niveles de gloria en nuestra vida, pero a medida que continuamos buscándolo con todo lo que tenemos, las Escrituras declaran que, ¡iremos de un grado de gloria al siguiente grado de gloria!

Durante la última noche de reuniones en Camuy, Puerto Rico, el Señor dejó llover el polvo de oro celestial por más de dos horas mientras yo ministraba a las personas. A medida que yo estaba predicando, este polvo de oro estaba visiblemente incrementando sobre todo mi saco, en el frente de mi ropa y en mi espalda también. Este oro pudo verse brillando en mi rostro y por todo mi cabello –estaba absolutamente por todas partes y continuó cubriéndome todo el tiempo que yo estaba ministrando la Palabra de Dios. Esta fue una señal y prodigio para muchos pastores que estaban en esa reunión como para muchos incrédulos también. Mientras yo estaba ministrando, pude sentir la compasión de Cristo por los perdidos y supe que, ¡Dios nos estaba dando esta herramienta de oro para una cosecha de oro!

Milagros como estos han estado pasando porque Jesús es Señor y Él quiere que ¡el mundo lo sepa!

A consecuencia de la tremenda cantidad de manifestación visible, me sentí guiado por el Señor a dar un llamado al altar para aquellos que nunca habían recibido el milagro de salvación. De repente el altar comenzó a llenarse, ¡con preciosas personas que son tan queridas en el corazón de Dios! Él había estado alcanzándolas a través de Sus señales y prodigios toda la noche – estas fueron “señales de amor” que llevaban un mensaje más grande que las señales mismas y ahora las personas estaban empezando a responder al llamado. Le pedí a Pastor Tito que guiara a las personas en la oración de salvación, porque no fluyo en el español, y a medida que él lo hizo El Señor vino y secó muchas lágrimas – ¡remplazándolas con un gozo inexplicable y lleno de gloria!

Más tarde esa noche, a medida que imponía mis manos en cada persona que estaba presente en aquella reunión el polvo de oro continuó apareciendo, cayendo a través del aire sobre cientos de personas conforme observamos esta señal y prodigio llover directamente del cielo. Este polvo de oro sobrenatural pudo verse cayendo a través del aire como si la lluvia de la gloria de Dios estuviera regando esas semillas frescas de salvación.

Hace varios años mientras estábamos ministrando en Yakarta, Indonesia, nuestros anfitriones nos invitaron a visitar su hogar para que pudiéramos orar con algunos de los miembros de su familia. Debimos de haber estado alabando al Señor en voz muy alta porque uno de sus vecinos de al lado llegó para ver que estaba pasando. Inmediatamente nos enteramos de que él había estado sufriendo con un dolor severo en su brazo derecho y sus coyunturas. Así que Janet Angela y yo le dijimos que Dios quería sanarlo y empezamos a ministrarlo imponiendo nuestras manos en su brazo. (En este momento no nos dábamos cuenta de que él no era salvo todavía – pero ¡creo que Dios siempre encuentra una manera para establecer citas divinas!) Después de orar el hombre nos dijo que su brazo se sentía mucho mejor y apuradamente dejo la casa para regresar a su hogar. Minutos después regresó y quería saber porque su brazo estaba cubierto con una ¡substancia de oro brillosa! ¡El Señor le había cubierto completamente su brazo recién sanado con polvo de oro del cielo! ¡Fue una señal que lo maravilló! Esto nos dio aún otra oportunidad para compartir con él de la bondad de Dios y, a través de este encuentro, el recibió a Jesucristo en su corazón como su Señor y su Salvador. A medida que continuamos ministrando por toda Indonesia, milagros como éste empezaron a tomar lugar en cualquier lugar que íbamos, porque Jesús es Señor y ¡Él quiere que el mundo lo sepa!

Las Señales y los Prodigios Incrementan Nuestra Fe

> ***...les mostró las manos y los pies.***
> *– Lucas 24:40*

Después de la resurrección, Jesucristo se le apareció a sus discípulos. Una de las primeras cosas que hizo fue enseñarles Sus manos y pies perforados por los clavos. ¿Por qué fue Él que hizo esto? La Biblia deja en claro que Jesús quería que los discípulos vieran las marcas porque eran una señal de Su eterno amor por ellos. Hoy en día el Señor continua desplegando maravillosas señales ya que el Espíritu Santo está siendo derramado sobre toda la tierra.

> ***"Sucederá que en los últimos días —dice Dios—, derramaré mi Espíritu sobre todo el género humano... Arriba en el cielo y***

> ***abajo en la tierra mostraré prodigios."***
>
> *– Hechos 2:17,19*

Estas señales nos causan el poner atención a lo que Dios está diciendo (Marcos 16:20), incrementan nuestra fe y son muestras del amor de Dios. Las señales y los prodigios de Dios en esta tierra nos motivan a enfocarnos en la obra terminada de Jesucristo y en todo lo que Él ha puesto a disposición para nosotros en el ámbito de la gloria. Estas señales santas nos motivan a poner nuestros ojos en Jesucristo pues ¡Él es la Maravilla de maravillas!

Aceite Sobrenatural

La primera vez que experimenté el aceite sobrenatural apareciendo en mis manos fue cuando estaba ministrando como líder de alabanza en una iglesia en Spring Hill, Florida. El aceite comenzó a aparecer como una sustancia oleosa en los pliegues de mi mano. Algunas personas comentarían que ellas pensaban que eran solo "manos sudorosas". Pero yo sabía qué era (era un regalo de Dios) y siempre le estaré agradecido al Señor por esto. Yo sabía que si yo podía estar agradecido por la medida limitada, yo empezaría a ver ¡al Espíritu sin medida!

Si le quieres dar gracias a Dios por las cosas que Él está haciendo en tu vida (en vez de quejarte por las cosas que están saliendo mal) empezarás a caminar en nuevas dimensiones de poder sobrenatural ¡que causará la manifestación de la gloria de Dios venir hacia ti! La Biblia dice que nuestro agradecimiento abrirá la puerta de ríos de bendición porque entramos por Sus puertas con acción de gracias (Salmo 100:4).

La Biblia dice que nuestro agradecimiento abrirá las puertas de los ríos de bendición.

Varios años después estaba yo ministrando en una conferencia de milagros en Rockford, Illinois. El anfitrión era un hombre de Dios muy especial que cargaba una tremenda unción de sanidad y milagros inusuales. El tenía una botella de aceite que Dios había llenado sobrenaturalmente en los 1970's. La botella se continuaba llenando años después y era usada para ungir a los enfermos en milagros de sanidad (Santiago 5:14). Una noche después de las reuniones, cuando estaba durmiendo en la habitación de mi hotel, me desperté porque pude sentir el aceite sobrenatural empezar a fluir de mi cuerpo. Esta vez no solo fue una pequeña cantidad apareciendo en los pliegues de mis manos. Estaba goteando de mi frente, mis manos y mis pies.

Este aceite continuó fluyendo a tal punto de que puse mis manos en el lavabo, lo tapé, y permití que el aceite se acumulara. Fue bastante abrumador. La siguiente mañana ungí a todas las personas en la conferencia con este aceite sobrenatural que había acumulado y muchas personas recibieron sanidades sorprendentes en sus cuerpos. Esta fue la primera vez en que yo he experimentado el aceite fluir de una manera tan abundante. Pero desde entonces el aceite ha seguido fluyendo como el Espíritu Santo lo desea. A menudo este aceite viene con un aroma indescriptible desde el cielo.

> ***Sin embargo, gracias a Dios que en Cristo siempre nos lleva triunfantes y, por medio de nosotros, esparce por todas partes la fragancia de su conocimiento. Porque para Dios nosotros somos el aroma de Cristo entre los que se salvan y entre los que se pierden.***
> *– 2 Corintios 2:14-15*

A veces hemos comparado la fragancia con un olor a "vainilla" (este es el aroma de intimidad y es uno de los primeros aromas que a menudo se describe cuando se entra en encuentros del tercer cielo). Otras veces la fragancia ha olido como incienso o "cedro del Líbano" (yo creo que esto habla de preciosidad y fuerza). Más a menudo el aceite fluye con una fragancia que ha sido descrita como la rosa de Sarón. Este es el aroma de la presencia de Cristo. Es la fragancia de Jesús –Él es la rosa de Sarón.

A veces el aceite comienza a fluir de mis manos a medida que predico la Palabra de Dios en las reuniones. Durante estos momentos impongo manos en los enfermos o suelto una impartición conforme el Señor dirige. Mientras estaba adorando una tarde en Coeur D'Alene, Idaho, el aceite empezó a fluir desde mis manos tan significativamente que tuve que poner mis manos en una hielera del hotel porque el aceite había ya llenado dos tazas. El salmista David dijo que ***"...Él unge mi cabeza con aceite nuevo, mi copa esta rebozando..."*** ¡Esto es exactamente lo que me pasó! Yo creo que Dios quiere ungirnos a todos con Su poder milagroso a tal punto ¡que estemos exudando con el amor de Dios y Sus prodigios adondequiera que vayamos!

En otras ocasiones este aceite fragante comienza a fluir de mis pies. Ha habido momentos en la gloria cuando me he parado sobre piezas de material de tela y permitido que el aceite forme un charco debajo de mis pies, acumulándolo en la tela como un punto de contacto para milagros (Hechos 19:11-12). Recientemente mientras ministraba en Ocho Ríos, Jamaica, el aceite sobrenatural fluyó de mis manos y pies de tal manera que las telas comenzaron a empaparse. Le pedí a todas las personas en la audiencia que trajeran sus pañuelos, mascadas o sacos como un punto de contacto y permití que el aceite fluyera sobre esos artículos de ropa. Hemos enviado libremente estas telas a gente que vive en cada estado de los Estados Unidos y cada provincia en Canadá, como en más de 150 naciones alrededor del mundo. Hemos recibido muchos testimonios de gente diciendo que han sido sanados por el poder de Dios. Miembros de familia han recibido salvación, finanzas han

¡Dios quiere que tengas éxito y Él te da nuevas ideas creativas!

sido restauradas, los muertos han sido levantados a una nueva vida y extraordinariamente milagros insólitos han tomado lugar a medida que han usado esta tela de gloria como un punto de contacto. ¡Gloria a Dios por Su poder sobrenatural que suelta Sus posibilidades en medio de nuestras imposibilidades! ¡Nada es demasiado difícil para Dios!

La Gloria de Dios suelta la Creatividad

¿Sabías que la gloria de Dios siempre despierta la creatividad dentro de las personas? En el principio Dios creó; y Él todavía continúa creando nuevas cosas a través de ti y de mí.

El verano pasado mientras ministraba durante las reuniones vespertinas de la Fraternidad de Hombres de Negocios del Evangelio Completo, Convención de Asia, en Singapur, yo vi al Señor soltar regalos del cielo sobre la gente que estaba presente en esa reunión. Yo sentí que estos eran depósitos de gloria –ideas creativas, nuevos inventos, respuestas a preguntas y descargas celestiales. Empecé hablando y profetizando estas cosas que estaba viendo. Al siguiente día un hombre de negocios de California que se encontraba en la reunión me dijo que él había recibido uno de estos regalos celestiales que se habían depositado la noche anterior. El Señor había contestado algunas preguntas que él había estado preguntando con respecto de cómo hacer su negocio de familia, una panadería, más productiva y el Espíritu Santo también le dio una "descarga celestial" con una nueva idea para ¡una línea gourmet de pastelería! ¡Dios le estaba dando nuevas ideas creativas para el éxito! Desde entonces hemos estado recibiendo entregas especiales de pastelería a nuestra puerta ya que este hombre tan generosamente nos bendice con estos regalos. ¡Hemos podido compartirlos con otros y bendecir a varias iglesias y ministerios con estos regalos especiales!

Yo creo que Dios quiere que seas exitoso. ¡El Espíritu Santo quiere darte nuevas ideas creativas para el éxito! El quiere darte nuevas ideas creativas en cómo manejar tus finanzas. Dios desea darte nuevas ideas en cómo ser un mejor esposo o esposa, hijo o hija, padre o madre. Dios te dará nuevas ideas creativas en como adorarlo a Él y yo creo que Dios quiere darte nuevas ideas creativas en cómo convertirte en ¡un ganador de almas en la gloria! Continúa leyendo y aprenderás acerca de una idea creativa para alcanzar almas que un ángel le reveló a unos muy buenos amigos míos.

Capítulo Tres

GANANDO ALMAS EN LA GLORIA

El Señor no tarda en cumplir su promesa, según entienden algunos la tardanza. Más bien, él tiene paciencia con ustedes, porque no quiere que nadie perezca sino que todos se arrepientan
– 2 Pedro 3:9

Cuando estaba en mis últimos años de adolescencia leí un mini-libro de Charles y Frances Hunter, mundialmente reconocidos evangelistas en sanidad que, ¡cambió mi vida para siempre! Se llamaba *"Hay Dos Tipos De..."* Un ángel de hecho vino y se sentó con los Hunters, compartiendo con ellos una nueva forma en la que ellos podrían ¡ganar a los perdidos!

Desde que leí este libro, he tomado esta herramienta y la he usado por todo el mundo. A veces la he usado en conexión con las señales y prodigios que se manifiestan en nuestra vida y, en otras ocasiones, he usado esta herramienta cuando no he estado experimentando ninguna manifestación en particular. Funciona de ambas maneras.

¡He ministrado a muchas personas con esta técnica y he encontrado gran éxito!

Después de haber leído ese mini-libro, Janet Angela y yo nos convertimos en buenos amigos de los Hunters, ministrando con ellos en diferentes ocasiones en sus conferencias y seminarios de sanidad. Contacté a Frances Hunter poco antes de que se graduara al cielo y ella y su hija, Joan, agraciadamente me dieron el permiso para reimprimir una porción del mini-libro *"Hay Dos Tipos De..."* en las siguientes páginas.

HAY DOS TIPOS DE...[1]

Por Charles y Frances Hunter

¡Un pequeño y simple almuerzo puede cambiar tu vida y puede cambiar tu pensamiento en cuanto a la manera de hacer cosas! Estábamos en un restaurante en una muy pequeña ciudad de Missouri donde no podrías esperar que cosas sobresalientes pasen. Un caballero vino y se sentó en nuestra mesa. Todavía no sé quien es ni de dónde vino, ni con quién vino porque había muchos de nosotros ahí y él se tenía que ir. Antes de irse el hizo una declaración interesante. El dijo: "Frances, yo sé cuanto tú has siempre amado ganar gente para Jesús y recién he descubierto una nueva manera y quiero compartirla contigo."

Nosotros siempre estamos interesados en aprender nuevas formas de ganar gente para Jesús porque es el deseo ardiente de nuestro corazón en todo momento. El dijo: Tan pronto como la mesera llegue a la mesa le diré a ella "Hay dos tipos de meseras, aquellas que son salvas y aquellas que están a punto de serlo. ¿Cuál eres tú?" ¡Yo estaba fascinada con la pregunta porque no te da otra salida!

---

[1] *Hay Dos Tipos De...* Por Charles y Frances Hunter. Publicado por Hunter Ministries. Todos los Derechos Reservados. Reproducido con permiso del propietario del Derecho Reservado.

¡Instantáneamente reconocí que era una situación de ganar y no hay manera en que podrías perder! Ellos son, ya sea, salvos o la única otra respuesta que nos pueden dar es "Estoy a punto de serlo". Yo siempre estoy dispuesta a tratar nuevas formas, así que dije: "Déjame intentarlo con la mesera. No lo hagas, déjame hacerlo." Cuando la mesera vino le hice la pregunta, la cual se ha convertido tan familiar para nosotros en todo tiempo: "Hay dos tipos de hermosas meseras que trabajan en este restaurante. Aquellas que son salvas y las que están a punto de serlo ¿Cuál eres tú?"

No esperé el tipo de respuesta que nos dio, así que fue una completa y total ¡impresión! Ella simplemente empezó a llorar y dijo: "Supongo que estoy en la última opción". El Espíritu Santo de Dios se me adelantó y ¡Él la tenía completamente preparada y hambrienta! Yo estaba tomando su mano y no la deje ir, así que dije: "¡Maravilloso! Repite después de mi", y dije: "Padre, perdona mis pecados, Jesús entra en mi corazón y hazme el tipo de persona que Tu quieres que yo sea. Gracias por salvarme hoy". Ella repitió la oración y una vez más empezó a llorar.

Le pregunté a ella: ¿Dónde está Jesús ahora? Ella dijo: ¡En mi corazón! ¡Ella estaba tan afectada por su conversión que tuvo que irse a la cocina por cerca de diez minutos y llorar antes de regresar y atendernos nuevamente! Fue realmente una experiencia gloriosa y nos enseño algo... es tan fácil ganar a la gente para Jesús de esta simple forma. ¡Cada persona que tú conoces es una oportunidad!

¡AQUÍ ESTÁN UNAS CLAVES PARA CONVERTIRTE EN UN GANADOR DE ALMAS SOBRENATURAL!

1. Establece una meta para ganar almas. ¡Dios cumplirá tu fe!

2. Busca la oportunidad para "preguntar la pregunta". ¡Las oportunidades te rodean!

   Pregunta la pregunta: "Hay dos tipos de personas: aquellas que son salvas y aquellas que están a punto de serlo. ¿Cuál eres tú?

   Si ellos dicen: "Soy salvo" o "Estoy en la primer opción" entonces regocíjate con ellos.

   Si ellos dicen: "Estoy a punto de ser" o "Estoy En la segunda opción" inmediatamente di: "Repite esto después de mi".

3. Planta la semilla de salvación en oración.

Hazlos repetir la siguiente oración después de ti:

"Padre, perdona mis pecados. Jesús entra en mi corazón. Hazme el tipo de persona que Tú quieres que yo sea. Gracias por salvarme".

PUNTOS PARA RECORDAR

- Cada persona que conoces es una oportunidad. ¡Toma ventaja de esto!

- No cambies las palabras que el ángel dio.

    - Di: "¡Repite después de mi! Si tú dices: "Orar" vas a asustar al pecador

    - Después de orar siempre pregúntales ¿Dónde está Jesús ahora? La respuesta debería de ser: ¡En mi corazón! Si su respuesta es diferente entonces hazlos repetir la oración después de ti una vez más.

Ganando Almas con una Agente de Ventas por Teléfono

Cuando primero empecé a usar esta técnica "Dos Tipos De" para ganar almas, recibí una llamada telefónica en mi hogar por parte de una agente de ventas. Usualmente les digo que no estoy interesado en comprar nada pero a medida que yo estaba escuchando a esta dama hablar, el Espíritu Santo me dijo que escuchara su mensaje completo y entonces decirle que había "dos tipos de gente". Así que hice como el Espíritu Santo me pidió que hiciera.

Espere pacientemente en el teléfono escuchando a esta dama hablar acerca de planes médicos, protección de tarjetas de crédito, programas de acondicionamiento físico y planes de servicios para llamadas de larga distancia. Pero al final de su recitado mensaje de ventas me preguntó si yo tenía alguna pregunta para ella. ¡Ahora yo sabía que Dios la estaba preparando para algo grande!

Esta fue una perfecta oportunidad para abrir la puerta y guiarla hacia el milagro más grande que ella haya experimentado. Le dije que, de hecho, yo tenía una pregunta.

Le pregunte: ¿Sabes que hay solo dos tipos de personas agradables que llaman a mi casa? Aquellas que son salvas y aquellas que están a punto de serlo. ¿Cuál eres tú?

Ella no entendió lo que estaba diciendo así que lo repetí una vez más. ¿Sabes que hay dos tipos de personas agradables que llaman a mi casa? Aquellas que son salvas y aquellas que están a punto de serlo. ¿Cuál eres tú?

Casi no pude terminar mi pregunta cuando la dama, al otro lado de la bocina, inmediatamente dijo: ¡No soy salva y yo sé que necesito a Jesús! Así que le pedí que repitiera después de mí:

"Padre, perdona mis pecados. Jesús entra en mi corazón. Hazme el tipo de persona que quieres que yo sea. Gracias por salvarme".

Una vez que terminamos de orar le pregunte: "¿Dónde está Jesús ahora? ¡Y ella respondió diciendo que Jesús estaba en su corazón! Le dije que ella tenía razón y que ahora podía tener un día bendecido.

¿No es maravilloso como el Espíritu de Dios comenzará a hablarte acerca de formas creativas para ganar almas en la gloria? Por darle testimonio a esa agente de ventas un alma mas fue añadida en el Reino de Dios.

Establece una Meta para Ganar Almas

Yo he utilizado esta técnica de ganar almas en los repartidores de pizza, aeromozas, meseros, meseras y muchos más, que es simplemente sobresaliente el ver los resultados del Reino que esto producirá. ¡Tú puedes ser un ganador de almas para Cristo cada día! Esto es simple sobrenatural.

Cuando te levantes en la mañana establece una meta razonable para ganar almas por ti mismo y ve como Dios cumplirá los deseos de tu corazón. La Biblia dice que sin visión su pueblo perece, pero lo opuesto a esto es que cuando tienes una visión ¡Tú prosperarás! Mucha gente dentro de la iglesia no está ganando almas porque no han establecido una visión para ganar almas.

El Espíritu de Dios comenzará a hablarte acerca de formas creativas para ganar almas en la gloria.

¡Date una meta a ti mismo y observa al estilo de vida, simple sobrenatural, cobrar vida en tu vida!

> ***Pero el justo vivirá por su fe.***
> *– Habacuc 2:4*

Ganando Almas en un Hotel

El año pasado mientras estaba ministrando en Kokomo, Indiana, tuve otra excelente oportunidad para usar esta técnica para ganar almas. Conforme me estaba preparando para la reunión una tarde, polvo de oro empezó a aparecer sobre de mí en la ducha. Estaba saliendo de los poros de mi piel y también cayendo sobre mí.

Cuando el Señor comienza a manifestarse de esta manera antes de la reunión yo siempre se que Él se está preparando para hacer ¡algo mas allá de lo sorprendente!

Cuando dejé mi habitación y comencé a caminar en el pasillo del hotel noté a una pareja amigable caminando hacia mí. Ya que la dama me miró, ella dijo: "¡Estás brillando!" Yo dije: "¡Sí! ¡Éste es un milagro de Dios porque Jesús te ama! Ella me miró nuevamente en desconcierto y preguntó: "¿Pero, cómo se te dio? ¡Yo estaba contento de que ella me hiciera otra pregunta! ¿No es sorprendente cuando Dios nos da estas oportunidades de compartir Su amor y gloria con el mundo que nos rodea? La miré a ella y le dije: "¿Sabes que hay solo dos tipos de personas que me hacen esa pregunta? Aquellos que son salvos y aquellos que están a punto de serlo. ¿Cuál eres tú? Ella estaba sorprendida con mi declaración e inmediatamente respondió diciendo: ¡Yo creo que estoy a punto de serlo! Su esposo la estaba mirando con una mirada preguntándose qué estaba pasando... ¡ya que esto paso tan rápido!

Dios nos da el privilegio de compartir Su amor y gloria con otros. ¡Cada persona es una oportunidad!

Yo tomé ventaja de esta oportunidad una vez más. Lo miré a los ojos y le dije: "¿Caballero, sabe que sólo hay dos tipos de hombres que se paran enfrente de mi así? Aquellos que son salvos y aquellos que están a punto de serlo. ¿Cuál es usted?"

Y te digo, el Espíritu Santo debió haberse apoderado de su corazón a medida que hable estas palabras porque él respondió entusiásticamente diciendo:"¡Supongo que yo estoy a punto de serlo también!" Ahí mismo, en el pasillo del hotel, guíe a esta hermosa pareja a conocer el poder rescatador de salvación a través de Jesucristo. Me fui de ese encuentro directamente hacia la conferencia y esa noche el Señor causó la gloria de oro caer y al aceite fluir. Estas son señales para los incrédulos: ¡Dios nos está dando Su poder sobrenatural para ganar a los perdidos!

¿Sabes que hay sólo dos tipos de personas que leen este libro? Aquellos que son salvos y aquellos que están a punto de serlo. ¿Cuál eres tú?

Te estoy haciendo esta pregunta porque yo creo que este libro es tu cita divina. Has estado esperando por un milagro y en este momento ¡estas sosteniendo tu destino en tus manos! Si en tu corazón tú dirías que eres el segundo tipo (a punto de ser salvo), quiero que digas esto conmigo:

"Padre, perdona mis pecados. Jesús entra en mi corazón. Hazme el tipo de persona que Tú quieres que yo sea. Gracias por salvarme".

¿Sabes dónde está Jesús ahora? ¡El está dentro de tu corazón! La Biblia dice: ***Porque con el corazón se cree para ser justificado, pero con la boca se confiesa para ser salvo.*** *(Romanos 10:10).* ¡Esto es simple sobrenatural!

Capítulo Cuatro

¡RECIBE EL PODER!

Pero cuando venga el Espíritu Santo sobre ustedes, recibirán poder y serán mis testigos...
– Hechos 1:8

Durante los finales de los noventa, yo estaba ministrando extensamente en adoración en un avivamiento en El Cajon, California. Una noche empecé a cantar en el Espíritu ya que el Señor me empezó a guiar en una nueva canción. Empecé a hablar en lenguas y ministrando bajo la unción del Espíritu Santo. La evidencia del bautismo en el Espíritu Santo empezó a burbujear de dentro de mí, desbordando en palabras y sonidos que yo no entendí en el terreno natural. Fue tan maravilloso que al final de la noche una pequeña dama latinoamericana se me acercó y me dijo que le había ministrado salvación en su lengua nativa, el español, mientras estaba cantando en otras lenguas. En el terreno natural no sé cómo hablar su lengua nativa. Pero como una señal para los incrédulos, el Señor me permitió hablar palabras de salvación dirigidas directamente al corazón de esa dama. ¡Fue algo completamente organizado por el Espíritu Santo!

> ***Pues orar con el espíritu, pero también con el entendimiento; cantar con el espíritu, pero también con el entendimiento.***
> *– 1 Corintios 14:15*

¡Qué gran testimonio y confirmación para el espíritu de los dos! Ella se fue de la reunión esa noche con una nueva promesa de paz eterna y yo salí de aquel servicio con un sentido renovado de reverencia por los ámbitos de la eternidad. A medida que habitamos en el ámbito de la gloria, el Señor nos usará para ministrar de formas que nunca hubiéramos soñado sean posible.

Lo Sobrenatural es una Necesidad

El ámbito sobrenatural ya no es solo una "añadidura" de lujo en la vida del creyente. Es un requisito mandatorio para caminar en la plenitud de los propósitos de Dios para nosotros aquí en la tierra.

Hace unos años grabamos en vivo un disco compacto de adoración llamado "The Drink" (El Beber). Es una adoración profética espontánea que el Señor nos dio una noche mientras ministramos en nuestras reuniones del campamento de invierno en London, Ontario, Canadá. Durante este tiempo de ministración una vez más el Señor me dio una nueva canción y empecé a cantar en lenguas desconocidas por medio de la unción del Espíritu Santo. Algún tiempo después, cuando el disco compacto fue distribuido, recibí una carta de una dama de la India que escuchó el disco compacto y dice que me escuchó cantando en su lenguaje nativo: el hindú. Pensé que esto era muy interesante porque inmediatamente después de aquellas reuniones del campamento de invierno en Canadá yo viajé directamente hacia Chennai, India, para ministrar en una cruzada de avivamiento. Posiblemente el Señor me permitió cantar en ese lenguaje extranjero como un precursor, soltando declaraciones de antemano hacia la nación de la India, para que muchos milagros, señales y prodigios surjan. Sin embargo, esta mujer fue bendecida por este mensaje guiado por el Espíritu, y yo, una vez más, estuve abrumado por la grandeza del poder de Dios. Esta misma cosa ha pasado de nuevo en varias ocasiones donde el Señor me ha dado varios lenguajes terrenales ya que he empezado a cantar en el Espíritu.

El ámbito sobrenatural no es una "añadidura" de lujo en la vida de un creyente – ¡es mandatorio!

El Espíritu Santo reveló las Lenguas

En el segundo capítulo del libro de Hechos, leemos acerca del gran poder del Espíritu Santo que fue revelado sobre la iglesia primitiva, con la aparición de lenguas de fuego y con el sonido de un viento recio. La Biblia dice que cuando este poder vino sobre aquellos que estaban presentes, TODOS fueron llenos y empezaron a hablar en nuevas lenguas.

> ***Cuando llegó el día de Pentecostés, estaban todos juntos en el mismo lugar. De repente, vino del cielo un ruido como el de una violenta ráfaga de viento y llenó toda la casa donde estaban reunidos. Se les aparecieron entonces unas lenguas como de fuego que se repartieron y se posaron sobre cada uno de ellos. Todos fueron llenos del Espíritu Santo y comenzaron a hablar en diferentes lenguas, según el Espíritu les concedía expresarse.***
>
> *– Hechos 2:1-4*

Una de las evidencias del bautismo en el Espíritu Santo es la manifestación del hablar en lenguas desconocidas. Pasó en el aposento alto y ¡continúa pasando por todo el mundo hoy en día!

Cuando recibimos el bautismo en el Espíritu Santo con la evidencia de hablar en lenguas, no hay limitaciones para lo que Dios pueda hacer con éste nuevo lenguaje. El Espíritu Santo es capaz de darte una lengua con idiomas extranjeros, lenguajes antiguos, idiomas futuros o lenguajes sólo entendidos en los ámbitos del cielo.

Cuando nosotros empezamos a orar con este nuevo lenguaje le llamamos "orando en el Espíritu" porque el Espíritu de Dios está dirigiendo nuestras oraciones e intercesión.

La Lenguas revelan al Cielo en la Tierra

Una de las grandes revelaciones del Espíritu es que algo siempre está pasando en el ámbito de la gloria. ¡La actividad del cielo siempre se está moviendo! Los ángeles querubines, las ruedas dentro ruedas, los relámpagos desde el trono y los torbellinos de Dios se están moviendo. Así que cada vez que hablamos en lenguas celestiales algo se está moviendo del cielo a la tierra hacia nuestro espíritu humano.

El cielo nos está dando un lenguaje y está creando un nuevo vocabulario del ámbito de la gloria dentro de nosotros. ¡Estas nuevas lenguas están aún llenas con salud y sanidad! La ciencia médica ha recientemente hecho varios estudios en el "hablar en lenguas" y ¡los resultados son tremendos!

- El cerebro ha demostrado estar bajo "control divino" mientras se está hablando en lenguas.[2]

- A medida que nos involucramos con nuestro lenguaje celestial, el cerebro suelta dos secreciones químicas que son dirigidas hacia nuestro sistema inmunológico, dándonos de un 35 a un 40 por ciento de incremento en el sistema inmunológico. Esto promueve sanidad dentro de nuestros cuerpos.[3]

- Estudios indican que personas que hablan en lenguas raramente sufren de problemas mentales. Un estudio reciente de cerca de 1000 cristianos evangélicos en Inglaterra encontró que quienes se dedican a la práctica estaban más estables emocionalmente que quienes no la practican.[4]

---

[2] Escuela de Medicina de la Universidad de Pennsylvania

[3] Dr. Carl Peterson, Universidad Oral Roberts, Tulsa, Oklahoma

[4] Dr. Andrew B. Newberg, equipo de estudio de la Universidad de Pennsylvania

Es un hecho probado que podemos lograr mucho más cuando somos movidos por la habilidad sobrenatural del cielo, en vez de confiar en nuestros propios dones naturales. No estoy diciendo que nuestros dones son inútiles; yo creo que Dios nos ha dado talentos, dones y habilidades. Pero estos deben ser entregados al fluir del Espíritu Santo para que puedan ser vibrantemente avivados – despertados por el actual mover del Espíritu.

El bautismo en el Espíritu Santo nos libera en el fluir del cielo, abriendo el ámbito de la gloria.

> ***Todos estaban asombrados por los muchos prodigios y señales que realizaban los apóstoles...Y cada día el Señor añadía al grupo los que iban siendo salvos.***
>
> *– Hechos 2:43,47*

El Bautismo en el Espíritu Santo suelta Poder tipo Dinamita

La Biblia nos dice que después que el mover del Espíritu Santo llenó a aquellos que estaban reunidos en el aposento alto, ellos recibieron una habilitación sobrenatural con señales, prodigios y milagros siguiéndole, y muchos fueron añadidos a la iglesia a diario. Esto es lo que el bautismo en el Espíritu Santo hará. Trae la habilitación para hacer las obras de Dios. ¡Estamos conectados a la fuente de alimentación del cielo a través del bautismo en el Espíritu Santo!

> ***Pero cuando venga el Espíritu Santo sobre ustedes, recibirán poder y serán mis testigos...***
>
> *– Hechos 1:8*

El bautismo en el Espíritu Santo nos libera en el fluir del cielo. Abre el ámbito de la gloria para nosotros. La Biblia dice que cuando este toque nuevo del Espíritu Santo viene sobre nosotros, recibiremos un poder tipo dinamita de lo alto. ¡Este poder explosivo contiene la fuerza suficiente para apagar cualquier obstáculo del enemigo! Sin el bautismo nunca seremos capaces de cumplir con nuestro potencial en Cristo. Debemos de recibir el bautismo en el Espíritu Santo para funcionar como los testigos que Dios nos ha creado para ser. Esto es simple sobrenatural.

En las siguientes páginas quiero darte algunas claves para recibir y ministrar el bautismo en el Espíritu Santo.

Cuando tu oras para recibir el bautismo en el Espíritu Santo, todo lo que tienes que hace es pedirle al Espíritu Santo que venga y te llene y viva dentro de ti con Su poder. Es así de sencillo. Déjame enseñarte dentro de la Palabra de Dios y darte algunos consejos prácticos por experiencia.

El Padre da al Espíritu Santo a Aquellos que lo Piden

Lee las palabras de Jesús en Lucas 11:9-13:

> ***Así que yo les digo: Pidan, y se les dará; busquen, y encontrarán; llamen, y se les abrirá la puerta. Porque todo el que pide, recibe; el que busca, encuentra; y al que llama, se le abre.***
>
> ***¿Quién de ustedes que sea padre, si su hijo le pide un pescado, le dará en cambio una serpiente? ¿O si le pide un huevo, le dará un escorpión? Pues si ustedes, aun siendo malos, saben dar cosas buenas a sus hijos, ¡cuánto más el Padre celestial dará el Espíritu Santo a quienes se lo pidan!***

Este pasaje dice que cuando pedimos por el bautismo en el Espíritu Santo, nosotros debemos estar seguros de la promesa de Dios. Él es fiel para darnos Su hermoso Espíritu Santo. En otras palabras, cuando leemos esta Escritura debemos creer que es verdadera. Y si es verdadera, tan pronto como pidamos el bautismo en el Espíritu Santo lo recibiremos. No tenemos que esperar por otro día. No tenemos que depender de otro evangelista para que nos ministre. ¡Tú puedes recibir este bautismo hoy día con la evidencia del hablar en leguas! ¡La Biblia nos dice que nuestro Padre Celestial dará al Espíritu Santo a aquellos que lo pidan!

Ya que he estado ministrando alrededor del mundo, me han venido a ver personas que sienten que no han tenido una experiencia de bautismo real porque cuando ellos oraron por el bautismo en el Espíritu Santo, ellos no empezaron a hablar en lenguas desconocidas inmediatamente. El problema frecuentemente ha sido que ellos esperaron que los resultados fueran casi mecánicos y automáticos por naturaleza.

Abre tu boca y Él la llenará

Quiero hacerte una pregunta. ¿Cuándo aprendiste a hablar tu lengua nativa mantuviste tu boca cerrada? No puedo decirte cuantas personas han pedido recibir el bautismo en el Espíritu Santo, pero mantienen su boca cerrada cuando es tiempo para que ellos empiecen a hablar en nuevas lenguas.

¿Alguna vez has visto a un bebé que está aprendiendo como hablar? Ese pequeño bebé empieza a balbucear todo tipo de sonidos y ruidos tratando de aprender las palabras propias de un enunciado.

Yo recuerdo cuando estábamos tratando de enseñar a nuestro hijo, Lincoln, como hablar cuando él era un bebé. Yo estaba tratando de que él aprendiera a como decir "Papi". ¡Yo quería tanto que él hablará! Yo quería escucharlo a él llamar mi nombre y ser capaz de alcanzarme con su vocabulario. A medida que él aprendía esta nueva palabra, él hizo muchos sonidos de bebé hasta que finalmente el sacó la palabra "¡Dadu!". Yo recuerdo el sentimiento que tuve cuando él, por primera vez, dijo esto. No fue completamente una correcta pronunciación, pero a pesar de todo me encantó porque él estaba haciendo todo lo posible por decir algo que él nunca antes había dicho. ¡Él quería decir mi nombre! Me gusto tanto que le dejé continuar usando ese nombre. Desde entonces hasta ahora, Lincoln todavía me llama "Dadu" y, ¡a mí me encanta!

Así que te estarás preguntando, ¿Qué tiene esto que ver con recibir el bautismo en el Espíritu Santo? Cuando Dios desea darnos un nuevo lenguaje nosotros debemos abrir nuestra boca para que Él la llene. Algunas personas oran por el bautismo del Espíritu Santo y ellos esperan que Dios automáticamente empiece a mover su mandíbula, abriéndola y cerrándola continuamente, articulando la lengua hasta que digan algo. Créeme, ¡Esta no es la forma en la que se da!

Cuando oramos por el bautismo en el Espíritu Santo y CREEMOS que hemos recibido lo que hemos orado, podemos abrir nuestra boca y confiar que Dios la llenará con su lengua sobrenatural. Abre tu boca y Dios la llenará. La primera vez puede sonar como un montón de sonidos de bebé, pero a medida que te rindas al Espíritu de Dios, ¡repentinamente romperás brecha hacia un fluir libre de la corriente del lenguaje celestial que no tiene fin!

> ***Abre bien tu boca, y la llenaré de cosas buenas.*** *– Salmo 81:10 (NTV)*

Aquí están las Claves para Recibir y Ministrar el Bautismo en el Espíritu Santo:

1. ¡Debes de creer de que está disponible hoy en día! (Lucas 11:9-13)

2. No creas la mentira del enemigo que dice que no eres lo suficiente bueno. La llenura del Espíritu Santo es lo que te ayudará a vivir una vida santa agradable delante del Señor. (Romanos 8:13)

3. Ora para recibir el bautismo en el Espíritu Santo con la evidencia del hablar en nuevas lenguas.

4. ¡Empieza a hablar en fe a medida que el Espíritu Santo te capacita! (Hechos 2:4)

Oración para Recibir el Bautismo en el Espíritu Santo

Padre, en el nombre de Jesús, te doy gracias que por fe he recibido el regalo de salvación de parte de ti. Yo creo que tu Palabra es verdadera y de que me has prometido otro regalo también –el regalo del Espíritu Santo. Tú has dicho en tu Palabra que tú darías al Espíritu Santo a quienes lo pidan. Así que ahora, por fe, te pido ese regalo y te agradezco por llenarme con tu maravilloso Espíritu Santo. Yo recibo por fe este poder sobrenatural del cielo. Yo creo que estoy siendo bautizado en el Espíritu Santo así como aquellos que se encontraban reunidos en el aposento alto. ¡Te doy gracias por darme un nuevo lenguaje para que pueda hablar en lenguas y traer gloria a Tu nombre! ¡Yo creo que he recibido este bautismo sobrenatural en el Espíritu Santo!

¡Amén!

Ahora tu paso de fe aquí es el abrir tu boca y empezar a hablar sílabas que no necesariamente entiendas. Esto es parecido a un bebé empezando a hablar. Esto es poner tu fe en acción. Tú puedes confiar que el Espíritu Santo dentro de ti controlará lo que dices y lo convertirá en una hermosa lengua celestial de oración. Algunas ocasiones solo vas a obtener una o dos palabras al mismo tiempo. Deja que el Espíritu Santo desarrolle este lenguaje por ti, ¡te vendrá palabra a palabra, de fe en fe!

¡El bautismo en el Espíritu Santo te dará resultados! ¡Sé lleno y prepárate para ser usado por Dios de formas en las que jamás antes habías soñado!

Tú conquistarás cualquier espíritu de duda o crítica que intente tratar de detenerte de esta experiencia al estar enfocado en la Palabra de Dios. Aquí están unas Escrituras para que medites en ellas.

(Las siguientes Escrituras son tomadas de la Nueva Traducción Viviente)

> *Isaías 28:11*
> ***Así que, ahora, ¡Dios tendrá que hablar a su pueblo por medio de opresores extranjeros que hablan una lengua extraña!***
>
> *Mateo 3:11*
> ***Yo bautizo con agua a los que se arrepienten de sus pecados y vuelven a Dios, pero pronto viene alguien que es superior a mí, tan***

superior que ni siquiera soy digno de ser su esclavo y llevarle las sandalias. Él los bautizará con el Espíritu Santo y con fuego.

Marcos 1:8
Yo los bautizo con agua, ¡pero él los bautizará con el Espíritu Santo!

Marcos 16:17
Estas señales milagrosas acompañarán a los que creen: expulsarán demonios en mi nombre y hablarán nuevos idiomas.

Lucas 3:16
Juan contestó a sus preguntas diciendo: «Yo los bautizo con agua, pero pronto viene alguien que es superior a mí, tan superior que ni siquiera soy digno de ser su esclavo y desatarle las correas de sus sandalias. Él los bautizará con el Espíritu Santo y con fuego.

Juan 1:33
Yo no sabía que era el Mesías, pero cuando Dios me envió a bautizar con agua, me dijo: "Aquél, sobre quien veas que el Espíritu desciende y reposa, es el que bautizará con el Espíritu Santo".

Juan 7:37
El último día del festival, el más importante, Jesús se puso de pie y

gritó a la multitud: ¡Todo el que tenga sed puede venir a mí!

Juan 14:15-17
Si me aman, obedezcan mis mandamientos. Y yo le pediré al Padre, y él les dará otro Abogado Defensor, quien estará con ustedes para siempre. Me refiero al Espíritu Santo, quien guía a toda la verdad. El mundo no puede recibirlo porque no lo busca ni lo reconoce; pero ustedes sí lo conocen, porque ahora él vive con ustedes y después estará en ustedes.

Hechos 1:5
Juan bautizaba con agua, pero en unos cuantos días ustedes serán bautizados con el Espíritu Santo.

Hechos 1:8
Pero recibirán poder cuando el Espíritu Santo descienda sobre ustedes; y serán mis testigos, y le hablarán a la gente acerca de mí en todas partes: en Jerusalén, por toda Judea, en Samaria y hasta los lugares más lejanos de la tierra.

Hechos 2:5-11
En esa ocasión, había judíos devotos de todas las naciones, que vivían en Jerusalén. Cuando oyeron el fuerte ruido, todos

llegaron corriendo y quedaron desconcertados al escuchar sus propios idiomas hablados por los creyentes. Estaban totalmente asombrados. ¿Cómo puede ser? —exclamaban—. Todas estas personas son de Galilea, ¡y aun así las oímos hablar en nuestra lengua materna! Aquí estamos nosotros: partos, medos, elamitas, gente de Mesopotamia, Judea, Capadocia, Ponto, de la provincia de Asia, de Frigia, Panfilia, Egipto y de las áreas de Libia alrededor de Cirene, visitantes de Roma (tanto judíos como convertidos al judaísmo), cretenses y árabes. ¡Y todos oímos a esta gente hablar en nuestro propio idioma acerca de las cosas maravillosas que Dios ha hecho!

Hechos 8:14-17

Cuando los apóstoles de Jerusalén oyeron que la gente de Samaria había aceptado el mensaje de Dios, enviaron a Pedro y a Juan allá. En cuanto ellos llegaron, oraron por los nuevos creyentes para que recibieran el Espíritu Santo. El Espíritu Santo todavía no había venido sobre ninguno de ellos porque sólo habían sido bautizados en el nombre del Señor Jesús. Entonces Pedro y Juan impusieron sus manos sobre esos

creyentes, y recibieron el Espíritu Santo.

Hechos 9:17
Así que Ananías fue y encontró a Saulo, puso sus manos sobre él y dijo: Hermano Saulo, el Señor Jesús, quien se te apareció en el camino, me ha enviado para que recobres la vista y seas lleno del Espíritu Santo.

Hechos 11:16
Entonces pensé en las palabras del Señor cuando dijo: "Juan bautizó con agua, pero ustedes serán bautizados con el Espíritu Santo

Hechos 19:1-6
Mientras Apolos estaba en Corinto, Pablo viajó por las regiones del interior hasta que llegó a Éfeso, en la costa, donde encontró a varios creyentes. "¿Recibieron el Espíritu Santo cuando creyeron?" les preguntó.

"No" —contestaron—, "ni siquiera hemos oído que hay un Espíritu Santo".

"Entonces, ¿qué bautismo recibieron?" preguntó.

Y ellos contestaron: "El bautismo de Juan".

Pablo dijo: "El bautismo de Juan exigía arrepentirse del pecado; pero

Juan mismo le dijo a la gente que creyera en el que vendría después, es decir, en Jesús".

En cuanto oyeron esto, fueron bautizados en el nombre del Señor Jesús. Después, cuando Pablo les impuso las manos, el Espíritu Santo descendió sobre ellos, y hablaron en otras lenguas y profetizaron.

Capítulo Cinco

PODER PARA SANAR A LOS ENFERMOS

Sanad enfermos, limpiad leprosos, resucitad muertos, echad fuera demonios; de gracia recibisteis, dad de gracia.
– Mateo 10:8 (RVR60)

Uno de mis mentores en lo milagroso, Charles Hunter, siempre decía: "¡Sin el bautismo en el Espíritu Santo ORAREMOS por los enfermos, pero con el bautismo en el Espíritu Santo SANAREMOS a los enfermos!". Ahora que tú has recibido el bautismo en el Espíritu Santo has recibido el poder de Dios para realizar milagros, señales y prodigios, ¡para darle la gloria a Jesús!

A través de las Escrituras nos damos cuenta que una de las formas que podemos utilizar este poder es para "sanar a los enfermos, limpiar a los leprosos, resucitar a los muertos y para echar fuera a los demonios" (Mateo 10:8). ¡Quiero decirte que la enfermedad es un demonio! Si has caminado por el área de oncología en un hospital ó a través de las calles de la India con leprosos, tú dirías la misma cosa.

La Sanidad es Siempre la Voluntad de Dios

Algunas personas se preguntan si la sanidad es la voluntad de Dios. Quiero decirte ahora, y resolver este asunto para siempre, que es SIEMPRE la voluntad de Dios el sanar (Marcos 1:40-41). Cada vez que hablo de esto, algunas personas dicen: "Bueno, si es la voluntad de Dios sanar entonces ¿Por qué algunas personas todavía están enfermas?". No es nuestra responsabilidad el responder a preguntas que sólo Dios entiende; es simplemente nuestra responsabilidad el creer la infalible Palabra de Dios. Su Palabra es continuamente indefectible en efectividad y en operación. Nosotros confiamos en ella y tenemos fe en ella y esa revelación producirá un milagro. ¿Sabes que la Biblia dice que mucha gente perece por falta de revelación (Oseas 4:6)? Por esto es que debemos encontrar lo que las Escrituras dicen acerca de la sanidad. Si tenemos la revelación nosotros podemos recibir la manifestación.

Sin la Palabra de Dios en sanidad, el enemigo siempre nos mentirá y tratará de hacernos creer que debemos de estar enfermos (Juan 10:10). Algunos otros dicen: "La hermana fulana de tal era muy buena maestra de escuela dominical. Ella fielmente tocaba el piano en la iglesia y nunca faltó a ninguna reunión. Así que ¿Por qué está todavía enferma?". Yo quiero decir que nuestra sanidad nunca depende de lo que hemos hecho, sino que es una obra completada y fue terminada por Jesucristo en la cruz del calvario. En otras palabras, ¡la sanidad es algo que podemos recibir por lo que Él ha hecho! ¡Si lo creemos, lo recibiremos!

¡La sanidad es algo que podemos recibir por lo que Él ha hecho!

La Enfermedad Nunca es la Obra de Dios

La enfermedad nunca es la obra de Dios. La enfermedad es siempre la obra del diablo. Pero, ¡alabado sea Dios que con el bautismo en el Espíritu Santo, tenemos la autoridad y el poder sobre toda obra del diablo! (Lucas 10:19)

> ***Al atardecer, le llevaron muchos endemoniados, y con una sola palabra expulsó a los espíritus, y sanó a todos los enfermos. Esto sucedió para que se cumpliera lo dicho por el profeta Isaías: "Él cargó con nuestras enfermedades y soportó nuestros dolores."***
>
> *– Mateo 8:16-17*

La Biblia dice que cuando Jesucristo estaba aquí en la tierra, Él caminó en el poder milagroso para sanar a los enfermos. Él abrió el oído de los sordos (Marcos 7:32-37), le dijo al cojo que camine (Mateo 9:2-8) y, a su mandamiento, la mano seca se fortaleció (Lucas 6:6-10). Él causó que los ojos ciegos recobraran la vista (Mateo 20:29-34), levantó a los muertos (Lucas 7:12-16), y sanó a una mujer que había estado sufriendo por dieciocho años de una seria enfermedad (Lucas 13:10-17). Estos son solo algunos de los milagros que Él realizó.

> ***Recorría Jesús todas las ciudades y aldeas, enseñando en las sinagogas de ellos, y predicando el evangelio del reino, y sanando toda enfermedad y toda dolencia en el pueblo.*** – *Mateo 9:35 (RVR60)*

JESÚS ES NUESTRO EJEMPLO

Yo quiero que miremos una vez más a esa Escritura. Yo quiero que claramente veas que hizo Jesús y cómo Él operó en este ministerio milagroso, porque Él es nuestro ejemplo último. Nosotros podemos aprender a como operar en este ámbito de gloria a medida que ponemos atención a Sus métodos y Sus formas.

JESÚS ESTUVO ENSEÑANDO

> ***Recorría Jesús todas las ciudades y aldeas, enseñando en las sinagogas de ellos...***
> – *Mateo 9:35 (RVR60)*

La Biblia dice que a medida que Jesús viajaba por las ciudades y pueblos Él enseñaba a la gente. ¿Qué enseñaba Jesús a la gente en sus sinagogas? Yo creo que Él empezó enseñándoles la voluntad de Dios, la cual es la Palabra de Dios. La enseñanza es siempre sistemática – la revelación es revelada línea sobre línea, precepto sobre precepto (Isaías 28:10). Así que encontramos aquí una clave dentro de las Escrituras que una de las formas en las que podemos empezar a caminar en demostración sobrenatural es a través de la enseñanza de la Palabra. Tú puedes hacer esto al hablar la Palabra de Dios en cada situación de enfermedad, dolencia o achaque que tú encuentres.

Nosotros podemos empezar a caminar en demostración sobrenatural a través de la enseñanza de la Palabra.

En uno de nuestros recientes Institutos de Gloria Intensificada, nosotros estábamos listos para demostrar el poder de Dios para sanar a los enfermos mientras yo estaba enseñando una clase en "Cómo Operar en Milagros Creativos". Yo empecé a leer muchas Escrituras en sanidad de ambos el Antiguo Testamento y Nuevo Testamento. Había un hombre en la clase que había estado sufriendo con un constante zumbido en sus oídos por más de veinte años; nunca se había detenido, ni siquiera por un día durante todo ese tiempo. Pero conforme leí la Palabra de Dios en referencia a sanidad, de repente el zumbido instantáneamente se detuvo y este hombre pudo oír una vez más con claridad. ¡La Palabra de Dios es una Palabra de sanidad! A medida que tú enseñas y predicas la Palabra de Dios suelta fe para aquello que ha sido hablada.

A través del Instituto de Gloria Intensificada nosotros hemos recibido cientos de testimonios de sanidades sobrenaturales que han tomado lugar instantáneamente conforme la Palabra de Dios fue enseñada, ¡y la revelación fue tomada!

¡Las Escrituras declaran que la fe viene por el oír la Palabra! En otras palabras, no hay ninguna persona en la tierra que no pueda recibir el poder sanador de Dios en su situación – porque aún si ellos sienten como si no tuvieran la "fe para eso", la Biblia declara que la fe necesaria vendrá ya que oímos la perspectiva de Dios sobre la situación al escuchar Su Palabra. Es por esto que es tan importante para nosotros el ser diligentes al leer la Palabra de Dios y hablar Su Palabra.

Jesús estaba Predicando

> ***...y predicando el evangelio del reino...*** *– Mateo 9:35 (RVR60)*

La siguiente cosa que necesitamos notar acerca de este pasaje de la Escritura es que ¡Jesús estaba predicando las buenas nuevas del Reino! ¿Cuáles son las buenas nuevas? ¿Cuál es este mensaje que viene del Reino celestial de Dios?

- ¡En el Reino no hay enfermedad o dolencia! (Apocalipsis 21:4)

- ¡En el Reino no hay dolor, tristeza o sufrimiento! (Apocalipsis 7:17)

- ¡En el Reino no hay más muerte! (Lucas 20:36)

El predicar no es siempre de carácter sistemático como lo es el enseñar, pero muchas veces es más profético que viene por inspiración. ¡Nos tornamos inspirados para predicar! Tú puedes sentirte de que no hay forma alguna en que alguna vez pudieras ser inspirado para predicar. Bueno, déjame explicarlo de esta manera: tú no necesitas un micrófono en tu mano, o un púlpito delante de ti o aún una congregación reunida para escucharte en orden para que tú prediques. A medida que tú empiezas a aprender a cómo vivir en los ámbitos de gloria, tú encontrarás que cada día estarás rodeado con personas y oportunidades en las que tendrás la habilidad de hablar "proféticamente" en las vidas de otros. ¡Jesús predicó estas buenas nuevas del Reino y Él empezó a obtener los resultados del Reino!

Deja que Dios te inspire para hablar Su Palabra en las vidas de otros. Cuando ves a alguien que está sufriendo, permítele al Espíritu Santo que te dé palabras de consuelo y sanidad. ¡Estas palabras pueden convertirse en proféticas en el sentido que tú puedes cambiar la situación de alguien por medio de la atmósfera que tú originas con tus palabras! ¡Jesús lo hizo!

¡El poder de sanidad del Espíritu Santo de Dios fue revelado ya que Jesús empezó a enseñar y a predicar a las personas!

Cuando Janet Angela y yo primero venimos al entendimiento de éstas verdades del Reino acerca del poder sanador de Dios, nos sentimos como si hubiéramos sido electrificados por un rayo del cielo, ¡y en esencia lo fuimos! Alrededor de ese tiempo nosotros estábamos ministrando en una serie de reuniones de avivamiento en una iglesia bautista en Florida. Había una dama en esas reuniones que había nacido sin un tímpano en su oído izquierdo. Ella había crecido y vivido su vida entera creyendo que ésta era la manera en la que siempre iba a estar. Tú ves, la fe por lo milagroso no puede venir hasta que tú escuchas la Palabra. ¡Por esto que es importante el enseñar y predicar la Palabra de Dios con el propósito de que la fe se levante para lo imposible!

¡El poder de sanidad del Espíritu Santo de Dios fue revelado ya que Jesús empezó a enseñar y a predicar!

En el área del altar, Janet Angela y yo empezamos a hablar la Palabra de Dios con respecto a la sanidad para esta mujer. A medida que lo hicimos, su rostro se iluminó y fue ¡como si las luces se prendieran para ella con la revelación del poder sanador de Dios! Después de enseñarle la Palabra a ella (a través de solo hablar la Palabra), yo empecé a predicar el Reino ya que profeticé a su cuerpo y ordené que un nuevo tímpano se formara. Instantáneamente, Janet Angela puso su mano sobre el otro oído de la dama y empezó a hablar al oído que había estado sin un tímpano. ¿Tú sabes lo que pasó? ¡Un nuevo tímpano se formó dentro de su oído! ¡Por primera vez en la vida de esta dama que ella pudo, de hecho, oír de ese lado de su cabeza!

Fue solamente cuestión de minutos de principio a fin, pero en la simplicidad de creer la Palabra –enseñarla, predicarla y demostrarla- ¡que la vida de esta mujer cambió por siempre!

Empieza a predicar la Palabra profética de Dios. ¡Empieza a hablarle a tu cuerpo y a ordenarle que se alinee con la Palabra de Dios!

Solo pocos días después que terminamos con esas reuniones en Spring Hill, Florida, Janet Angela y yo viajamos hacia London, Ontario, Canadá (mi ciudad natal), donde se nos dio la oportunidad para ministrar en la iglesia donde yo crecí. Durante el servicio del domingo en la tarde empecé a predicar del Reino haciendo declaraciones de las cosas que yo sabía que Dios quería hacer en esa iglesia. Yo dije algo parecido a las siguientes líneas:

"Si tú tienes dolor en tu espalda, yo quiero que tú vengas al frente porque ¡Dios quiere soltar Su poder de sanidad para ti esta noche!"

(¡El dolor de espalda es siempre un gran lugar donde empezar con milagros porque las estadísticas muestran que más del ochenta por ciento de la población mundial sufre de problemas en la espalda!) "Si tú estás teniendo problemas con tus ojos, quiero que vengas. Si has perdido tu sentido del oído, yo quiero que vengas".

Empecé a profetizar a las situaciones de muchas personas que debimos de haber terminado con una línea de ¡cincuenta a sesenta personas en esa iglesia pequeña! ¿Tú sabes que pasó esa noche?

Los sordos empezaron a oír, visión empañada se empezó a aclarar, aquellos con daños en su espalda y condiciones en la espina dorsal recibieron el fluir de sanidad del poder de Dios. ¡Nosotros fuimos testigos de una persona después de otra dar testimonios del poder sanador de Dios!

JESÚS ESTABA DEMOSTRANDO

> ***...y sanando toda enfermedad y toda dolencia en el pueblo.***
>
> *– Mateo 9:35 (RVR60)*

Nosotros entendemos que Jesús estaba enseñando la sanidad de la Palabra de Dios y Jesús estaba ordenando que se dieran milagros de sanidad ya que estaba predicando la Palabra profética de Dios, pero ahora yo quiero que veas que Jesús también empezó a moverse en la demostración de esos milagros. En cualquier momento que enseñamos sanidad y predicamos el poder sanador de Dios, nosotros debemos de dar paso para que la demostración de ese poder sea revelado. El apóstol Pablo declaró valientemente:

> ***...y ni mi palabra ni mi predicación fue con palabras persuasivas de humana sabiduría, sino con demostración del Espíritu y de poder...***
>
> *– 1 Corintios 2:4 (RVR60)*

En el Instituto de Gloria Intensificada nosotros siempre damos una oportunidad para que cada estudiante reciba su milagro de sanidad al demostrar lo que ha sido enseñado y predicado. Ya que nosotros hemos hecho esto, hemos sido testigos de algunos de los milagros más sobresalientes llevarse a cabo; que muy probablemente nunca se hubieran manifestado si no hubiéramos dado lugar para que los milagros sucedan.

Nosotros hemos experimentado cientos de espaldas ser sanadas (problemas en la parte superior y lumbar de la espalda, ambas han completamente desaparecido); hemos observado con nuestros propios ojos como brazos han crecido y como piernas has sido alargadas. Algunas veces el Espíritu Santo ha reajustado la espina dorsal de

Después de predicar el poder de sanidad de Dios, ¡nosotros debemos de dar paso para demostrar este poder!

personas. Dos veces en particular personas han, de hecho, crecido en altura en el Instituto de Gloria Intensificada ya que hemos usado nuestra fe para presionar en este ámbito de lo milagroso. Muchas personas sufriendo del túnel carpiano han recibido sanidad instantánea. Enteramente nuevos pulmones y corazones se han creado en éste ámbito de la gloria, hernias han desaparecido y la maldición de varias enfermedades han sido rotas en las vidas de muchos. Después de enseñar y predicar el poder de sanidad de Dios tú debes de dar paso para demostrar este poder. ¡Muchas veces tú puedes hacer esto al pedirle a la persona que estas ministrando que haga algo que no podía hacer antes!

- Jesús le dijo al hombre ciego que fuera a lavarse sus ojos. (Juan 9:7)
- Jesús le dijo al hombre cojo que ¡se levantara y caminara! (Mateo 9:6-7)
- Jesús le dijo a los leprosos que fueran de acuerdo con Su palabra. (Lucas 17:14)

¡Estos simples actos de fe se convirtieron en punto de contacto para que los milagros se demostraran!

> ***Y aconteció que el padre de Publio estaba en cama, enfermo de fiebre y de disentería; y entró Pablo a verle, y después de haber orado, le impuso las manos, y le sanó. Hecho esto, también los otros que en la***

isla tenían enfermedades, venían, y eran sanados.

– Hechos 28:8-9 (RVR60)

A veces la gente no ve los milagros porque ellos no los han buscado. Es importante dar siempre la oportunidad para que los milagros sean vistos porque esto también edificará la fe en los corazones de otros. ¡Cuando tú enseñas y predicas la Palabra, la Palabra se avivará y empezará a manifestarse! Abre tus ojos y empieza a buscar los milagros. No busques la enfermedad. No busques el dolor. ¡Busca los milagros y tú los encontrarás!

¡Cuando tú predicas la Palabra, ésta se avivará y empezará a manifestarse!

Su fama se extendió por toda Siria, y le llevaban todos los que padecían de diversas enfermedades, los que sufrían de dolores graves, los endemoniados, los epilépticos y los paralíticos, y él los sanaba.

– Mateo 4:24

Aquí están unas claves para ministrar el poder de sanidad de Dios a los enfermos:

1. ¡Tú debes de creer que la sanidad está disponible hoy en día! (Hebreos 13:8)

2. Empieza a enseñar la Palabra de Dios con respecto a sanidad hablando las Escrituras de sanidad. Esto impartirá fe. (Romanos 10:17)

3. Empieza a predicar la Palabra de Dios con respecto a la sanidad. Habla proféticamente al cuerpo y ordénale que se alinee con la Palabra de Dios. (Mateo 17:20)

4. ¡Actúa en la Palabra de Dios y comienza a hacer algo que no podías hacer antes! Esto soltará la manifestación visible. (Santiago 1:22)

Los siguientes versos son algunas de las Escrituras de sanidad para memorizar, enseñar y predicar conforme Dios te use para ministrar a los enfermos.

(Las siguientes Escrituras son tomadas de la Nueva Traducción Viviente)

Éxodo 15:26
Les dijo: Si ustedes escuchan atentamente la voz del SEÑOR su Dios y hacen lo que es correcto ante sus ojos, obedeciendo sus mandatos y cumpliendo todos sus decretos, entonces no les enviaré ninguna de las enfermedades que envié a los egipcios; porque yo soy el SEÑOR, quien los sana.

Éxodo 23:25-26
Sirve sólo al SEÑOR tu Dios. Si lo haces, yo te bendeciré con alimento y agua, y te protegeré de enfermedades. No habrá en tu tierra ninguna mujer que pierda su embarazo o sea estéril; te daré una vida larga y plena.

Deuteronomio 7:15
El SEÑOR te protegerá de cualquier enfermedad. No dejará que sufras las enfermedades terribles que conociste en Egipto; en cambio, ¡se las enviará a todos tus enemigos!

Salmo 67:2
Que se conozcan tus caminos en toda la tierra y tu poder salvador entre los pueblos por todas partes.

Salmo 91:9-10
Si haces al SEÑOR tu refugio y al Altísimo tu resguardo, ningún mal te conquistará; ninguna plaga se acercará a tu hogar.

Salmo 103:1-5
Que todo lo que soy alabe al SEÑOR; con todo el corazón alabaré su santo nombre. Que todo lo que soy alabe al SEÑOR; que nunca olvide todas las cosas buenas que hace por mí. Él perdona todos mis pecados y sana todas mis enfermedades. Me redime de la muerte y me corona de amor y tiernas misericordias. Colma mi vida de cosas buenas; ¡mi juventud se renueva como la del águila!

Salmo 107:19-20
¡Socorro, SEÑOR!, clamaron en medio de su dificultad y él los salvó de su aflicción. Envió su palabra y los sanó; los arrebató de las puertas de la muerte.

Salmo 118:17
No moriré; sino que viviré para contar lo que hizo el SEÑOR.

Proverbios 4:20-23
Hijo mío, presta atención a lo que te digo. Escucha atentamente mis palabras. No las pierdas de vista. Déjalas llegar hasta lo profundo de tu corazón, pues traen vida a quienes las encuentran y dan salud a todo el cuerpo. Sobre todas las cosas cuida tu corazón, porque éste determina el rumbo de tu vida.

Isaías 41:10
No tengas miedo, porque yo estoy contigo; no te desalientes, porque yo soy tu Dios. Te daré fuerzas y te ayudaré; te sostendré con mi mano derecha victoriosa.

Isaías 53:4-5
Sin embargo, fueron nuestras debilidades las que él cargó; fueron nuestros dolores los que lo agobiaron. Y pensamos que sus dificultades eran un castigo de Dios; ¡un castigo por sus propios pecados! Pero él fue traspasado por nuestras rebeliones y aplastado por nuestros pecados. Fue golpeado para que nosotros estuviéramos en paz, fue azotado para que pudiéramos ser sanados.

Isaías 58:8
Entonces su salvación llegará como el amanecer, y sus heridas sanarán con rapidez; su justicia

los guiará hacia adelante y atrás los protegerá la gloria del SEÑOR.

Isaías 58:11
El SEÑOR los guiará continuamente, les dará agua cuando tengan sed y restaurará sus fuerzas. Serán como un huerto bien regado, como un manantial que nunca se seca.

Jeremías 30:17
Te devolveré la salud y sanaré tus heridas —dice el SEÑOR—, aunque te llamen desechada, es decir, "Jerusalén, de quien nadie se interesa"

Jeremías 33:6
Sin embargo, llegará el día en que sanaré las heridas de Jerusalén y le daré prosperidad y verdadera paz.

Ezequiel 34:16
Buscaré a mis perdidas y las traeré sanas y salvas de regreso a casa. Vendaré a las heridas y fortaleceré a las débiles. Sin embargo, destruiré a las gordas y poderosas; ¡a ellas también les daré de comer, pero juicio!

Joel 3:10
Forjen las rejas de arado y conviértanlas en espadas y sus herramientas para podar, en

lanzas. Entrenen aun a los más débiles para que sean guerreros.

Malaquías 3:6
Yo soy el SEÑOR y no cambio. Por eso ustedes, descendientes de Jacob, aún no han sido destruidos.

Malaquías 4:2
Sin embargo, para ustedes que temen mi nombre, se levantará el Sol de Justicia con sanidad en sus alas. Saldrán libres, saltando de alegría como becerros sueltos en medio de los pastos.

Mateo 8:16
Aquella noche, le llevaron a Jesús muchos endemoniados. Él expulsó a los espíritus malignos con una simple orden y sanó a todos los enfermos.

Mateo 9:35
Jesús recorrió todas las ciudades y aldeas de esa región, enseñando en las sinagogas y anunciando la Buena Noticia acerca del reino; y sanaba toda clase de enfermedades y dolencias.

Mateo 15:30-31
Una inmensa multitud le llevó a personas cojas, ciegas, lisiadas, mudas y a muchas más. Las pusieron delante de Jesús y él las sanó a todas. ¡La multitud quedó

asombrada! Los que no podían hablar, ahora hablaban; los lisiados quedaron sanos, los cojos caminaban bien y los ciegos podían ver; y alababan al Dios de Israel.

Marcos 11:22-24
Entonces Jesús dijo a los discípulos: Tengan fe en Dios. Les digo la verdad, ustedes pueden decir a esta montaña: "Levántate y échate al mar", y sucederá; pero deben creer de verdad que ocurrirá y no tener ninguna duda en el corazón. Les digo, ustedes pueden orar por cualquier cosa y si creen que lo han recibido, será suyo.

Marcos 16:17-18
Estas señales milagrosas acompañarán a los que creen: expulsarán demonios en mi nombre y hablarán nuevos idiomas. Podrán tomar serpientes en las manos sin que nada les pase y, si beben algo venenoso, no les hará daño. Pondrán sus manos sobre los enfermos, y ellos sanarán.

Lucas 4:18-19
El Espíritu del SEÑOR está sobre mí, porque me ha ungido para llevar la Buena Noticia a los pobres. Me ha enviado a

proclamar que los cautivos serán liberados, que los ciegos verán, que los oprimidos serán puestos en libertad, y que ha llegado el tiempo del favor del SEÑOR.

Lucas 9:1-2

Cierto día, Jesús reunió a sus doce discípulos y les dio poder y autoridad para expulsar a todos los demonios y sanar enfermedades. Luego los envió para que anunciaran a todos acerca del reino de Dios y sanaran a los enfermos.

Lucas 10:8-9

Si entran en un pueblo donde los reciben bien, coman todo lo que les ofrezcan. Sanen a los enfermos y díganles: "El reino de Dios ahora está cerca de ustedes".

Juan 10:10

El propósito del ladrón es robar y matar y destruir; mi propósito es darles una vida plena y abundante.

Hechos 4:29-30

Y ahora, oh Señor, escucha sus amenazas y danos a nosotros, tus siervos, mucho valor al predicar tu palabra. Extiende tu mano con poder sanador; que se hagan señales milagrosas y maravillas

por medio del nombre de tu santo siervo Jesús.

Hechos 5:15-16

Como resultado del trabajo de los apóstoles, la gente sacaba a los enfermos a las calles en camas y camillas para que la sombra de Pedro cayera sobre algunos de ellos cuando él pasaba. Multitudes llegaban desde las aldeas que rodeaban a Jerusalén y llevaban a sus enfermos y a los que estaban poseídos por espíritus malignos, y todos eran sanados.

Hechos 10:38

Y saben que Dios ungió a Jesús de Nazaret con el Espíritu Santo y con poder. Después Jesús anduvo haciendo el bien y sanando a todos los que eran oprimidos por el diablo, porque Dios estaba con él.

Romanos 8:11

El Espíritu de Dios, quien levantó a Jesús de los muertos, vive en ustedes; y así como Dios levantó a Cristo Jesús de los muertos, él dará vida a sus cuerpos mortales mediante el mismo Espíritu, quien vive en ustedes.

1 Tesalonicenses 5:23

Ahora, que el Dios de paz los haga santos en todos los aspectos, y que todo su espíritu, alma y cuerpo se

mantenga sin culpa hasta que nuestro Señor Jesucristo vuelva.

Gálatas 3:13

Pero Cristo nos ha rescatado de la maldición dictada en la ley. Cuando fue colgado en la cruz, cargó sobre sí la maldición de nuestras fechorías. Pues está escrito: "Maldito todo el que es colgado en un madero".

Filipenses 2:13

Pues Dios trabaja en ustedes y les da el deseo y el poder para que hagan lo que a él le agrada.

Filipenses 4:6-7

No se preocupen por nada; en cambio, oren por todo. Díganle a Dios lo que necesitan y denle gracias por todo lo que él ha hecho. Así experimentarán la paz de Dios, que supera todo lo que podemos entender. La paz de Dios cuidará su corazón y su mente mientras vivan en Cristo Jesús.

Santiago 5:13-16

¿Alguno de ustedes está pasando por dificultades? Que ore. ¿Alguno está feliz? Que cante alabanzas. ¿Alguno está enfermo? Que llame a los ancianos de la iglesia, para que vengan y que oren por él y lo unjan con aceite en el nombre del Señor. Una oración ofrecida con

fe, sanará al enfermo, y el Señor hará que se recupere; y si ha cometido pecados, será perdonado. Confiésense los pecados unos a otros y oren los unos por los otros, para que sean sanados. La oración ferviente de una persona justa tiene mucho poder y da resultados maravillosos.

1 Pedro 2:24
Él mismo cargó nuestros pecados sobre su cuerpo en la cruz, para que nosotros podamos estar muertos al pecado y vivir para lo que es recto. Por sus heridas, son sanados.

1 Juan 5:14-15
Y estamos seguros de que él nos oye cada vez que le pedimos algo que le agrada; y como sabemos que él nos oye cuando le hacemos nuestras peticiones, también sabemos que nos dará lo que le pedimos.

3 Juan 1:2
Querido amigo, espero que te encuentres bien, y que estés tan saludable en cuerpo así como eres fuerte en espíritu.

Capítulo Seis

SIETE CLAVES PARA EL ÁMBITO DE LA GLORIA

En este capítulo yo voy a compartir contigo siete claves para el ámbito de la gloria junto con Escrituras que soportan y corroboran cada clave.

1. FE EN JESUCRISTO

Mientras que hay muchas formas para entrar en el terreno espiritual; hay solamente una manera en el ámbito de la gloria – a través de la fe en Jesucristo. Con el propósito de acceder al ámbito de la gloria, ¡tú DEBES de tener fe en Jesucristo!

(Las siguientes Escrituras son de la Nueva Traducción Viviente)

> *Mateo 7:13-14*
> ***Sólo puedes entrar en el reino de Dios a través de la puerta angosta.***

La carretera al infierno es amplia y la puerta es ancha para los muchos que escogen ese camino. Sin embargo, la puerta de acceso a la vida es muy angosta y el camino es difícil, y son sólo unos pocos los que alguna vez lo encuentran.

Juan 14:6
Jesús le contestó: "Yo soy el camino, la verdad y la vida; nadie puede ir al Padre si no es por medio de mí".

Gálatas 3:26, 4:6-7
Pues todos ustedes son hijos de Dios por la fe en Cristo Jesús. Y debido a que somos sus hijos, Dios envió al Espíritu de su Hijo a nuestro corazón, el cual nos impulsa a exclamar "Abba, Padre". 7 Ahora ya no eres un esclavo sino un hijo de Dios, y como eres su hijo, Dios te ha hecho su heredero.

Romanos 3:22
Dios nos hace justos a sus ojos cuando ponemos nuestra fe en Jesucristo. Y eso es verdad para todo el que cree, sea quien fuere.

Jesús es la manifestación última de la gloria de Dios:

Juan 1:14
Entonces la Palabra se hizo hombre y vino a vivir entre nosotros. Estaba lleno de fidelidad y amor inagotable. Y hemos visto su gloria, la gloria del único Hijo del Padre.

2. Cree la Palabra de Dios

Nosotros necesitamos tener una relación con Él que va más allá del ámbito de nuestro sentido natural y nos mueve hacia el ámbito del sentido "sobrenatural" de creer la Palabra de Dios por medio de la fe. Con el fin de caminar en el ámbito de la gloria, ¡tú debes de creer en la Palabra de Dios!

Juan 20:27-31
Entonces le dijo a Tomás: "Pon tu dedo aquí y mira mis manos; mete tu mano en la herida de mi costado. Ya no seas incrédulo. ¡Cree!" "¡Mi Señor y mi Dios!" exclamó Tomás. Entonces Jesús le dijo: "Tú crees porque me has visto, benditos los que creen sin verme". Los discípulos vieron a Jesús hacer muchas otras señales milagrosas además de las registradas en este libro. Pero éstas se escribieron para que ustedes sigan creyendo que Jesús es el Mesías, el Hijo de Dios, y para que, al creer en él, tengan vida por el poder de su nombre.

El creer en la Palabra te causará vivir en el ámbito de la gloria:

> *Salmo 37:3*
> ***Confía en el SEÑOR y haz el bien; entonces vivirás seguro en la tierra y prosperarás.***

Las "señales" o evidencia del ámbito de la gloria empezaran a manifestarse y a seguirte a medida que tú simplemente creas:

> *Marcos 16:15-20*
> ***Entonces les dijo: 'Vayan por todo el mundo y prediquen la Buena Noticia a todos. El que crea y sea bautizado será salvo, pero el que se niegue a creer, será condenado. Estas señales milagrosas acompañarán a los que creen: expulsarán demonios en mi nombre y hablarán nuevos idiomas. Podrán tomar serpientes en las manos sin que nada les pase y, si beben algo venenoso, no les hará daño. Pondrán sus manos sobre los enfermos, y ellos sanarán". Cuando el Señor Jesús terminó de hablar con ellos, fue levantado al cielo y se sentó en el lugar de honor, a la derecha de Dios. Y los discípulos fueron por todas partes y predicaron, y el Señor actuaba por medio de ellos confirmando con muchas señales milagrosas lo que decían.***

Hechos 2:42-47
Todos los creyentes se dedicaban a las enseñanzas de los apóstoles, a la comunión fraternal, a participar juntos en las comidas (entre ellas la Cena del Señor), y a la oración. Un profundo temor reverente vino sobre todos ellos, y los apóstoles realizaban muchas señales milagrosas y maravillas. Todos los creyentes se reunían en un mismo lugar y compartían todo lo que tenían. Vendían sus propiedades y posesiones y compartían el dinero con aquellos en necesidad. Adoraban juntos en el templo cada día, se reunían en casas para la Cena del Señor y compartían sus comidas con gran gozo y generosidad, todo el tiempo alabando a Dios y disfrutando de la buena voluntad de toda la gente. Y cada día el Señor agregaba a esa comunidad cristiana los que iban siendo salvos.

3. Unidad, Honor y Bendición

Dios desea que nosotros habitemos juntos en unidad:

Juan 17:20-26
No te pido sólo por estos discípulos, sino también por todos los que creerán en mí por el mensaje de ellos. Te pido que todos

sean uno, así como tú y yo somos uno, es decir, como tú estás en mí, Padre, y yo estoy en ti. Y que ellos estén en nosotros, para que el mundo crea que tú me enviaste. Les he dado la gloria que tú me diste, para que sean uno, como nosotros somos uno. Yo estoy en ellos, y tú estás en mí. Que gocen de una unidad tan perfecta que el mundo sepa que tú me enviaste y que los amas tanto como me amas a mí. Padre, quiero que los que me diste estén conmigo donde yo estoy. Entonces podrán ver toda la gloria que me diste, porque me amaste aun antes de que comenzara el mundo. Oh Padre justo, el mundo no te conoce, pero yo sí te conozco; y estos discípulos saben que tú me enviaste. Yo te he dado a conocer a ellos y seguiré haciéndolo. Entonces tu amor por mí estará en ellos, y yo también estaré en ellos.

Salmo 133:1-3

¡Qué maravilloso y agradable es cuando los hermanos conviven en armonía! Pues la armonía es tan preciosa como el aceite de la unción que se derramó sobre la cabeza de Aarón, que corrió por su barba hasta llegar al borde de su túnica. La armonía es tan refrescante como el rocío del monte Hermón que cae sobre las

montañas de Sión. Y allí el SEÑOR ha pronunciado su bendición, incluso la vida eterna.

Romanos 15:5-6
Que Dios, quien da esa paciencia y ese ánimo, los ayude a vivir en plena armonía unos con otros, como corresponde a los seguidores de Cristo Jesús. Entonces todos ustedes podrán unirse en una sola voz para dar alabanza y gloria a Dios, el Padre de nuestro Señor Jesucristo.

Dios quiere que honremos a los que nos rodean – nuestros padres y madres, y aquellos que nos han precedido en la fe:

Deuteronomio 5:16
Honra a tu padre y a tu madre tal como el SEÑOR tu Dios te lo ordenó. Entonces tendrás una vida larga y plena en la tierra que el SEÑOR tu Dios te da.

Bendice a los que te rodean:

Génesis 12:3
Bendeciré a quienes te bendigan y maldeciré a quienes te traten con desprecio. Todas las familias de la tierra serán bendecidas por medio de ti.

4. Santidad, Justicia y Humildad

La Biblia habla acerca del "Camino de Santidad" y de que hemos sido llamados a ser un "pueblo adquirido" (RVR60) apartados para los propósitos de Dios. Ya que le pedimos a Dios que nos visite con esta unción de sanidad, justicia y humildad, nosotros recibiremos una impartición que nos causará entrar al ámbito de la gloria a un grado mayor que nunca antes:

> *Isaías 35:8*
> ***Y habrá allí calzada y camino, y será llamado Camino de Santidad; no pasará inmundo por él, sino que él mismo estará con ellos; el que anduviere en este camino, por torpe que sea, no se extraviará.***

> *1 Pedro 2:9*
> ***Más vosotros sois linaje escogido, real sacerdocio, nación santa, pueblo adquirido por Dios, para que anunciéis las virtudes de aquel que os llamó de las tinieblas a su luz admirable.***

Nosotros debemos de venir delante del Señor con humildad:

> *Filipenses 2:5-11*
> ***Tengan la misma actitud que tuvo Cristo Jesús. Aunque era Dios, no consideró que el ser igual a Dios fuera algo a lo cual aferrarse. En cambio, renunció a sus privilegios divinos; adoptó la humilde***

posición de un esclavo y nació como un ser humano. Cuando apareció en forma de hombre, se humilló a sí mismo en obediencia a Dios y murió en una cruz como morían los criminales. Por lo tanto, Dios lo elevó al lugar de máximo honor y le dio el nombre que está por encima de todos los demás nombres para que, ante el nombre de Jesús, se doble toda rodilla en el cielo y en la tierra y debajo de la tierra, y toda lengua confiese que Jesucristo es el Señor para la gloria de Dios Padre.

Proverbios 22:4
La verdadera humildad y el temor del SEÑOR conducen a riquezas, a honor y a una larga vida.

Lucas 14:11
Pues aquellos que se exaltan a sí mismos serán humillados, y los que se humillan a sí mismos serán exaltados.

5. No seas Movido por las Persecuciones

Nosotros somos bendecidos durante los tiempos de persecución que han sido causados por amor de Su nombre. ¡Nosotros vamos a recibir tesoros y recompensas celestiales cuando otros intenten perseguirnos!

Mateo 5:10-12
Dios bendice a los que son perseguidos por hacer lo correcto, porque el reino del cielo les pertenece. Dios los bendice a ustedes cuando la gente les hace burla y los persigue y miente acerca de ustedes y dice toda clase de cosas malas en su contra porque son mis seguidores. ¡Alégrense! ¡Estén contentos, porque les espera una gran recompensa en el cielo! Y recuerden que a los antiguos profetas los persiguieron de la misma manera.

Lucas 6:22-23
Qué bendiciones les esperan cuando la gente los odie y los excluya, cuando se burlen de ustedes y los maldigan, como si fuera gente maligna, porque siguen al Hijo del Hombre. Cuando les suceda eso, pónganse contentos. ¡Sí, salten de alegría, porque les espera una gran recompensa en el cielo! Y recuerden que los antepasados de ellos trataron a los antiguos profetas de la misma manera.

Nosotros tenemos que bendecir a los que nos persiguen:

Romanos 12:14
Bendigan a quienes los persiguen. No los maldigan, sino pídanle a Dios en oración que los bendiga.

6. Alabanza y Adoración

¡Tu alabanza cambia la atmósfera y tu adoración mantiene al ámbito! La alabanza y la adoración son las claves que desbloquean la vía en el ámbito de la gloria. Nosotros entramos en Su presencia con alabanza.

Salmo 100:1
¡Aclamen con alegría al SEÑOR, habitantes de toda la tierra!

1 Tesalonicenses 5:16-18
Estén siempre alegres. Nunca dejen de orar. Sean agradecidos en toda circunstancia, pues esta es la voluntad de Dios para ustedes, los que pertenecen a Cristo Jesús.

Isaías 61:11
El SEÑOR Soberano mostrará su justicia a las naciones del mundo. ¡Todos lo alabarán! Su justicia será como un huerto a comienzos de la primavera, cuando brotan las plantas por todas partes.

Isaías 45:8
Ábranse, oh cielos, y derramen su justicia. Que la tierra se abra de par en par, para que broten juntas

la salvación y la justicia. Yo, el SEÑOR, las he creado.

7. GENEROSIDAD

¡Tu generosidad abre un ámbito de bendición, favor y aumento que causa la abundancia de recompensa del cielo llenar tu vida! Si queremos imitar el ejemplo de Cristo, nosotros debemos de aprender cómo ser generosos. Juan 3:16 nos dice que Dios amó tanto al mundo que ¡El dio!

Deuteronomio 16:17
Todos darán según sus posibilidades, de acuerdo con las bendiciones que hayan recibido del SEÑOR tu Dios.

Proverbios 3:9
Honra al SEÑOR con tus riquezas y con lo mejor de todo lo que produces.

2 Corintios 9:6
Recuerden lo siguiente: un agricultor que siembra sólo unas cuantas semillas obtendrá una cosecha pequeña. Pero el que siembra abundantemente obtendrá una cosecha abundante.

Lucas 6:38
Den, y recibirán. Lo que den a otros les será devuelto por completo: apretado, sacudido para que haya lugar para más,

desbordante y derramado sobre el regazo. La cantidad que den determinará la cantidad que recibirán a cambio.

Hechos 20:35
Y he sido un ejemplo constante de cómo pueden ayudar con trabajo y esfuerzo a los que están en necesidad. Deben recordar las palabras del Señor Jesús: "Hay más bendición en dar que en recibir".

Recuerda que se supone debemos vivir de la dimensión del ámbito de la gloria. En el ámbito de la gloria nosotros produciremos mejores resultados. Pon estas siete claves en práctica y fluye en el ámbito de la gloria. En la gloria, Dios producirá una mayor cosecha a través de nosotros ya que nos rendimos a Su Palabra y a Sus caminos.

Capítulo Siete

La Comisión

En la Palabra de Dios, Jesucristo les dio a sus discípulos una comisión. ¡Si tú has aceptado a Jesucristo como tu Señor y Salvador, entonces tú eres un discípulo de Cristo y Él te está comisionando también! Yo quiero que leas este pasaje en la Escritura, y conforme lo haces, escucha lo que Jesucristo te está diciendo hoy día a través de Su Palabra.

> ***Les dijo: "Vayan por todo el mundo y anuncien las buenas nuevas a toda criatura. El que crea y sea bautizado será salvo, pero el que no crea será condenado. Estas señales acompañarán a los que crean: en mi nombre expulsarán demonios; hablarán en nuevas lenguas; tomarán en sus manos serpientes; y cuando beban algo venenoso, no les hará daño alguno; pondrán las manos sobre los enfermos, y éstos recobrarán la salud." Después de hablar con***

> ***ellos, el Señor Jesús fue llevado al cielo y se sentó a la derecha de Dios. Los discípulos salieron y predicaron por todas partes, y el Señor los ayudaba en la obra y confirmaba su palabra con las señales que la acompañaban.***
>
> *– Marcos 16:15-20*

A través de esta Escritura Jesús nos dice "VAYAN por todo el mundo". Yo quiero que te des cuenta que Jesús no dijo permanecer en el mismo sitio, abróchense el cinturón de seguridad ó que estén cómodos en los bancos o asientos de la iglesia. Él dijo "¡Vayan!". Esta es la comisión que Él te está dando hoy día. ¡Jesús dijo aún que tú harías mayores milagros de los que Él hizo en esta tierra!

> ***Ciertamente les aseguro que el que cree en mí las obras que yo hago también él las hará, y aun las hará mayores, porque yo vuelvo al Padre.***
>
> *– Juan 14:12 (RVR60)*

Ya que has leído este libro, yo oro que tú hayas sentido la unción de Dios llenándote con Su fuerza para ganar almas de forma sobrenatural, el bautismo en el Espíritu Santo y, la habilidad para salir y sanar a los enfermos.

Ahora, te doy mi bendición también... ¡Ve y hazlo!

¡Esto es simple sobrenatural!

No sólo escuchen la palabra de Dios, tienen que ponerla en práctica. De lo contrario, solamente se engañan a sí mismos.
– Santiago 1:22 (NTV)

JOSHUA MILLS

Un ministro ungido del evangelio, cantautor, conferencista y autor, Joshua Mills adora y predica poniéndose debajo de la nube y ministrando directamente de la gloria hacia la gente. El ha escrito más de 600 canciones y es conocido por su habilidad para guiar a la gente hacia una adoración espontánea.

Al viajar por toda Norte América y en todo el mundo, Joshua ha estado creando un ámbito de la gloria dondequiera que él va, con un mensaje claro de que "la alabanza cambia la atmósfera".

Junto con realizar reuniones en Europa, Sudamérica, Asia, Australia, Nueva Zelanda y otras naciones, Joshua Mills ha ministrado extensamente por todas las regiones del Ártico Canadiense siendo testigo de dramáticas transformaciones ocurrir en comunidades enteras y en la vida de muchas personas Inuit o esquimales.

Información de contacto del Autor:
New Wine International, Inc.
Teléfono: 1-866-60-NEW-WINE
Internet: www.NewWineInternational.org

Recursos de la Gloria de Joshua y Janet Angela Mills

Discos Compactos de Enseñanza:

Alumbramiento en la Gloria

Gloria Y Gracia

Cosas Celestiales: Encuentros en la Habitación del Trono

¿Te Puedo Bendecir?

Ministrando con Ángeles: Cómo Activar el Ámbito Angelical en Tu Vida

Dinero Milagro

La Alabanza Cambia La Atmósfera

Simple Sobrenatural

El Poder de la Alabanza

El Poder de la Nube de Gloria

El Poder de Tu Testimonio

Traducción y Transportación del Cielo

Discos Compactos de Música:

Holy Invasion – Invasión Santa: En Vivo desde Hollywood, California

Let's Get High – Vamos A Llegar Alto

Let's Get High – Vamos A Llegar Alto (Versión Ministerial)

Let's Get High – Vamos A Llegar Alto (Interpretación Trax)

SpiritSpa – Spa Espiritual: Piano Instrumental

SpiritSpa – Spa Espiritual 2

The Drink – El Beber

Waterfall – Cascada

Manuales de Enseñanza y Cancioneros:

Alumbramiento en la Gloria: Declaraciones y Oraciones

IGI Escuela de Señales y Prodigios – Curso I

IGI Escuela de Señales y Prodigios – Curso II

IGI Escuela de Señales y Prodigios – Curso III

Hacia Su Presencia: Manual de Alabanza y Adoración

Manual de Oración y Ministerio Personal

Cancionero Cascada

Querido(a) Amigo(a):

¡Yo creo que tú eres una conexión del Reino! Dios quiere usarte para hacer una diferencia en la vida de miles por todo del mundo. ¿Tú crees esto?

Me gustaría invitarte a convertirte en un ***Socio de Alabanza*** conmigo, y ayudarme a llevar este mensaje sobrenatural de Jesucristo y Su gloria hasta los rincones más lejanos de la tierra.

Asociación no es el simplemente dar de tus finanzas, sino aun más. Cuando tú te conviertes en un ***Socio de Alabanza*** con este ministerio, tú te convertirás en un miembro integral del equipo de alcance del Ministerio New Wine International con oportunidades y privilegios especiales que te posicionaran a tener un impacto global.

Un "***Socio en Alabanza***" es una persona que está de acuerdo con:

1. Soportar financieramente el ministerio de New Wine International (NWI)
2. Orar fielmente por Joshua y Janet Angela Mills y el equipo de ministración de NWI conforme ellos llevan el mensaje de Jesucristo por todo el mundo.
3. Orar por los que recibirán ministración a través de los evento y recursos del ministerio NWI.

Asociación no es solo lo que tú puedes hacer para ayudarme, sino también lo que yo puedo hacer para ayudarte. Al convertirte en un ***Socio en Alabanza*** con NWI provee un acuerdo de pacto entre tú y yo. Al ser un ***Socio de Alabanza*** tú te conectarás con la unción y gloria en este ministerio ya que te envío actualizaciones mensuales y enseñanzas reveladoras sobre el ámbito de la gloria. Tú recibirás mi oración continua por ti y tu familia y tú serás conectado con la unción única que está sobre este ministerio de señales y maravillas inusuales.

Hay en la actualidad varias formas de asociarte con NWI. Yo quiero que tú decidas el nivel de asociación de acuerdo con lo que el Señor haya puesto en tu corazón hacer.

En Su Gran Amor,

Joshua Mills

*P.D. Llama a mi oficina hoy mismo para convertirte en un socio o regístrate en el internet para que yo pueda enviarte un paquete de Bienvenida de **Socio en Alabanza** lleno con beneficios especiales e información.*

Teléfono: 1-866-60-NEW-WINE
Internet 24/7: www.NewWineInternational.org
www.PartnersInPraise.com

Para ordenar mas copias de ***Simple Sobrenatural*** por favor visita la tienda en newwineinternational.org o llama: 1-866-60-NEW-WINE (1-866-606-3994)

Tú puedes también ordenar mas copias de ***Simple Sobrenatural*** y otros libros de New Wine International en la tienda de NewWineInternational.org

Ordenes por Mayoreo: Nosotros tenemos precios de mayoreo/al por mayor, para tiendas y ministerios. Favor de contactar: product@newwinerevival.org